Angela Tarnero

Kalabrien wie es weint und lacht

Für N.N. - in Verbundenheit.

Mein besonderes DANKE geht an meine Tochter und an meine beiden Söhne, die mich nie im Regen stehen lassen, auch dann nicht, wenn es schwierig wird. Und an meine Freunde in Kalabrien, die mich liebevoll aufgenommen haben und von denen ich immer noch so viel lerne - nur das Kochen nicht, denn das machen die Italiener so gut, dass ich es gern ihnen überlasse…

ENDE DES JAHRES - ENDE EINES LEBENS

Du warst ein besonderer Mensch und hast dir einen ebenso besonderen Tag ausgesucht, um uns zu verlassen. Vielleicht um sicherzugehen, dass wir dich nicht vergessen. Deine Angst ist unbegründet, wir werden dich nicht vergessen. Weihnachten 2015 - wird uns in Erinnerung bleiben.

Genauso, wie deine Stimme, dein Lebenswille, deine Liebe zu deinen Pflanzen und Blumen, dein gesenkter Blick beim Gebet, deine Kartenspiele, deine Ungeduld und dein Ärger, wenn etwas nicht sofort gelingt.

Ich sehe dich in dem alten Fiat sitzen, du machst deinen Mittagsschlaf, ich sehe dich vor der Haustür, umgeben von Blumentöpfen, auf der Terrasse unter dem großen Sonnenschirm, wo du reife, rote Tomaten schneidest. Ich sehe dich an dem langen Tisch, auf dem die Karten ausgebreitet sind oder du ungeduldig auf dein Mittagessen wartest. Es ist doch schon 5 vor 12!

Ich sehe dich im Garten, wo du kleine verkohlte Holzstücke zusammenfegst, die noch gut für ein Feuer im Ofen sind. Reste von dem Gartenhaus, das du mit Nevio gebaut hast - vor langer Zeit.

Und ich sehe dich, wie du auf dem Gartenstuhl sitzt, den ich dir geholt habe. Das kleine Gartenhaus ist abgebrannt, die Feuerwehrleute arbeiten noch. In deinen Augen sehe ich die Weisheit der Alten, das Ende ist in Sicht - und du weißt es.

Kurz bevor du gegangen bist, haben wir noch telefoniert. Deine Stimme war müde, meine Stimme von Tränen erstickt. Wir wussten beide, dass es das letzte Mal sein würde. „Wann kommst du?" hast du gefragt und ich habe geantwortet: „Bald…"

Vor ein paar Jahren habe ich ein kleines Haus in Kalabrien gekauft und wir wurden Nachbarn und Freunde. Es gab so viele Dinge für mich, die neu waren in deiner Heimat, du hast sie mir erklärt.

Wir haben über so vieles gesprochen und wir haben oft gelacht. Du über mich und ich über dich. Wir haben auch viel gefeiert. Und meistens durfte oder musste ich an deiner Seite sitzen. Auch deinen 96. Geburtstag haben wir gemeinsam verbracht.

Du warst ungeduldig und ärgerlich, weil wir im Restaurant lange auf Brot und Wein warten mussten. Es war doch schon 5 vor 12!

Aber nach dem ersten Bissen von dem frischen Brot und nach dem ersten Schluck Wein sah das Leben schon wieder viel besser aus.

Dann hast du für mich und uns alle gesungen: „Angelina" und ich war gerührt, wenn du deine knochige, dunkelbraune Hand auf meine legtest.

Und dann sagtest du irgendwann: „Wie ist eigentlich der Titel von deinem neuen Buch?" „Kalabrien, wie es singt und lacht."

Du blicktest mich lange an. Dann nahmst du eine weiße Serviette vom Tisch und einen Kugelschreiber und sagtest: „Schreib! Nostra Calabria, piange come ride."

Unser Kalabrien, wie es weint und lacht. Und so soll es dann auch heißen. Viele kurze Geschichten über das Land in der Stiefelspitze mit seinen Bewohnern, die lachen und weinen und ihr Leben leben. Mit dem Blick auf die Vulkane, mit dem Blick aufs Meer und manchmal mit dem Blick auf den undurchdringlichen Nebel, der alles verdeckt. „Warum bist du gestern nicht gekommen?" hast du irgendwann gefragt. Und ich habe geantwortet: "Ich habe dein Haus nicht gefunden im Nebel." „Dumme Entschuldigung!" hast du geantwortet, aber du hast gelacht.

Wir haben auch über den Tod gesprochen. „Ich bitte Gott jeden Abend, mir noch einen Tag zu schenken, und das hat er bisher getan."

Se Dio vuole." Das waren deine letzten Worte. Ich habe mich drei Mal verabschiedet von dir. Deine alte faltige Hand mit dem festen Griff auf meiner werde ich nicht vergessen, deinen wissenden Blick, der erkannte, dass auch ich wusste.

Ende des Jahres, Ende eines Lebens. Du bist uns noch ganz nahe. Wir haben noch nicht verstanden, dass du an einem anderen Ort bist, nicht mehr vor deiner Haustür, nicht mehr am Esstisch, auch nicht mehr in deinem alten weißen Fiat. Aber du bist noch da, irgendwo - da sind wir uns ganz sicher.

SUCHT

Sucht kommt von suchen. Seit Jahren suche ich Häuser im Internet. Wenn ich Zeit habe - oder besser, obwohl ich keine Zeit habe, kann ich der Versuchung nicht widerstehen, weltweit nach Häusern zu suchen. Je nach Land oder Gegend - außer in Südamerika - sind mir die meisten Häuser, die verkauft werden sollen, bekannt. Da sich diese Auswahl zum Glück nicht in Grenzen hält, habe ich das Angebot in einen etwas kleineren Rahmen gesteckt.

Geblieben ist Italien - angefangen mit dem Piemont - den ich aber bald gestrichen habe, weil es dort nicht warm genug ist.

Geblieben sind Puglia und Kalabrien und geblieben im Moment ist der Süden von Kalabrien.

Seit fast zwei Wochen bewegen sich unsere Gespräche um dieses Thema. Ariellas Familie ist geduldig und so besichtigen wir alles in der Umgebung, was sich anbietet. Die Schilder *Vendesi* sind zum Glück rot und fallen einem direkt ins Auge.

Wir sind in einem Ort mit dem unkomplizierten Namen Ricadi und ich bin mir ziemlich sicher, dass sich mein Wunsch nach einer Ferienimmobilie schnell herumgesprochen hat. Gestern haben wir die Schlüssel eines Hauses bekommen, das wir neulich in einem Bergdorf entdeckten. Von außen nicht der Rede wert. Ich wollte eigentlich gar nicht rein, aber die Überraschung war dann groß.

Zwei Etagen plus Dachterrasse - mehr Meerblick geht schon fast nicht mehr. Getrennte Haustüren für jede Etage, je ein großer Wohnraum mit Kamin, je Etage ein Bad - nicht klein, immerhin drei Schlafzimmer-(chen) großes Kabuff (Abstellkammer) Die Etagen verbunden durch eine Wendeltreppe, nur für sehr schlanke Leute.

Ja, und die Terrasse ist wunderbar.

Wie gesagt liegt dieses Haus in einem Dorf in den Bergen, direkt an einer wenig befahrenen kleinen Straße. Nachbarn unmittelbar in der Nähe, kein Garten. Die Nachbarn sind einfache Leute, bis auf die wenigen Touristen, die sich in der Nähe den Wunsch nach Frieden erfüllt haben.

Nothing is perfect und die Anfahrt nicht einfach, aber machbar. Die Nachbarn sind so, dass man das Haus auch mal allein lassen kann.

Es gibt Einkaufsmöglichkeiten, Apotheke, Arzt (lieber nicht!). Und eben diesen Blick auf das Meer.

Der PC funktioniert und das Handy auch. TV? Keine Ahnung. Aber im Osten geht die Sonne auf und im Westen geht sie unter und das alles über einem Meer, nicht weiter entfernt als 15 Minuten mit dem Auto. Wandern kann man natürlich auch.

Ob ich weitersuche? Na klar! Sucht ist Sucht, ich bin im Urlaub und will keine Entzugserscheinungen.

JETZT

Ich muss das alles jetzt aufschreiben. Nicht morgen, nicht nächste Woche. Wenn man sich erst irgendwo eingelebt hat, fallen einem die Besonderheiten nicht mehr auf. Man wird betriebsblind.

Es ist August, Kalabrien liegt mir zu Füßen. Von hier aus blicke ich übers Meer bis nach Sizilien und auf die Inseln. Und den Stromboli kann ich sehen, wenn ich mit dem Auto die kurvenreiche Straße nach Ricadi fahre. Das ist die Landschaft, schöner als auf Postkarten, weil sie immer wieder anders ist. Der Himmel ist so launisch wie das Meer und wenn die Nebel alles unsichtbar machen, was sonst klar und deutlich erscheint, ist man sich gar nicht so sicher, dass diese Nebel sich irgendwann wieder heben.

Und dann sind da die Menschen. Langsam lerne ich sie kennen, einer nach dem anderen begegnen sie mir, grüßen freundlich oder verhalten, prüfen mit Blicken, wer sich da bei ihnen eingenistet hat - oder es versucht. Die Frau im Supermarkt habe ich zuerst kennengelernt. Der Supermarkt ist der beste Tante-Emma-Laden, den ich je gesehen habe. Das heißt, einer der wenigen, in Deutschland gibt es sie nicht mehr.

Da ich mein Fitnesscenter doch ein bisschen vermisse, habe ich es mir zur Gewohnheit gemacht, den Weg zum Supermarkt wenigstens einmal pro Tag zu machen. Es geht steil den Berg hinunter, auf rutschigem Kopfsteinpflaster, vorbei an alten Häusern, die teils bewohnt, teils unbewohnt sind. Vorbei an Menschen, die ich noch nicht kenne, die aber genau wissen, wer ich bin.

Unten angekommen, geht es fast bis runter zur Kirche, deren Turm ich von meinem Haus aus sehen kann. Von oben gesehen sieht er aus wie ein kleiner Pilz - sehr weit weg. Dort unten ist auch noch die Apotheke. Modern, vertrauenswürdig. Und die Apothekerin ist eine junge, sehr hübsche Frau, die mit einer Extraportion Geduld ausgestattet ist.

Von der älteren Frau im Laden, kann man nicht sagen, dass sie hübsch ist, aber sie hat ein großes Herz. Wenn ich einkaufe, gibt sie mir immer etwas extra und das nicht nur, weil sie zwei Jahre lang im Sauerland gearbeitet hat - vor langer Zeit!

Auf meine Frage, ob ihr das Sauerland gefallen habe, erhielt ich eine klare Antwort: „Ich habe gearbeitet. Morgens, wenn ich aus dem Haus ging, war es dunkel, abends wenn ich zurückkam, war es wieder dunkel." Ich brachte ihr dann einen Landschaftskalender aus dem Sauerland mit, damit sie das auf Fotos bewundern kann, was sie damals verpasst hat.

Und nach einem kleinen Schwatz und nachdem ich meine Latschen wieder zurechtgerückt habe, mache ich mich auf den Heimweg, diesmal steil bergauf. Mittlerweile schaffe ich das recht gut, ich kenne jetzt die Steine, die besonders rutschig sind und meide sie.

Das sieht vielleicht etwas komisch aus, wenn ich im Zickzack laufe, aber ich denke, dass die Anderen das nicht anders machen.

Meine Nachbarn wissen immer genau, wann ich das Haus verlasse, weil das Schloss der Haustür einen Höllenlärm macht.

Genauso, wie sie immer wissen, wann ich die Toilette benutze, weil die Spülung so laut ist, dass man meint, die Leitungen stöhnten und ächzten vor Schmerz.

Gestern fand das Fest der Bohne statt. Es gibt hier viele Feste. Nicht nur die Heiligen werden gefeiert, sondern auch das Gemüse, der Käse - vor allen Dingen Ricotta - und einige Fischsorten. Gekrönt werden diese Feste von lauter Trommelmusik und Stelzenläufern, die sich hoch über die Menschenmenge erheben und echt eindrucksvoll erscheinen.

Vormittags hatte es an meiner Haustür geklingelt. Der Nachbar, der mich am besten kennt (weil er mich gut von oben beobachten kann und ich ihn von unten - er hat ein rosa Oberhemd und wäscht jeden Tag seine Unterwäsche), brachte mir eine große Tüte mit grünen Bohnen aus dem eigenen Garten, außerdem zwei Kopfsalate. Dann kam die Nachbarin, mit der ich meine Hauswände teile und die Wasserleitung, und gab mir Tomaten aus dem eigenen Garten - ungespritzt und bio, wie sie mir versicherte. Also wusste ich ganz genau, was ich zum Mittag essen würde. Fehlten nur noch die *Cipolle*, die roten Zwiebeln aus Tropea, aber die hatte ich vorgestern von Renzo bekommen, vom eigenen Feld, ungespritzt und garantiert bio - und das Olivenöl kommt auch direkt aus der Natur.

Ich lebe gesund, oder etwa nicht? Ach so, ja, Bianca hatte noch ein paar Eier in den Kühlschrank gelegt, von freilaufenden Hühnern.

Ja, ich habe mich eingelebt - oder ich bin dabei. Die Sonne scheint, die Menschen um mich herum hören Musik, reden, streiten…

Mario spielt Fußball, sein Nonno Carlo ermahnt vergebens, auf die Fensterscheiben zu achten. Die kleine Emilia prüft ihre Stimme und versucht so laut zu schreien, wie ihre Mutter. Bianca ermahnt wiederum ihren Sohn, nicht so schnell mit dem Moped zu rasen.

Und ich sitze hier und versuche, Kalabrien in mich aufzunehmen. Kalabrien wie es singt und lacht und weint. Aber das ist eine andere Geschichte.

FRÜHER

Man sieht sie noch, diese alten Frauen in Schwarz. Schwarz gekleidet, weite Röcke, vielleicht auch zwei oder drei übereinander, Kopftuch, schwarze dicke Strümpfe und dazu noch dicke Socken und feste Schuhe.

Oft leben sie in den alten Steinhäusern, die kleine Fenster haben und dicke Mauern, die vor Sonne und Kälte schützen. Auch in Kalabrien ist es manchmal bitterkalt.

Sie kommen aus einer anderen Zeit und leben in einer anderen Zeit.

Neben den modernen Frauen aus Milano oder Rom, die den Sommer in ihren Ferienhäusern im Dorf verbringen, sehen sie aus, wie aus einer anderen Welt, wie aus dem Bilderbuch.

Man sieht sie in der Sonne sitzen, auf einem Hocker vor den Stufen ihrer Häuser. Man sieht sie, wie sie langsamen Schrittes, den Brotbeutel auf dem Rücken, den Stock in der Hand, zum Bäcker gehen - wenn sie ihr Brot nicht mehr selbst backen.

Vor ihren Häusern stehen alte Reisigbesen, mit denen sie das welke Laub zusammenfegen, das der Wind vor ihre Haustüren weht. Meistens verbrennen sie das zusammen mit dem wenigen Müll, den sie verursachen. Oft haben sie ein Stückchen Garten, in dem Bohnen, Zwiebeln, Basilikum und Tomaten wachsen. Einkaufen tun sie nur selten.

Ich habe auch so eine Nachbarin. Und ich muss zugeben, dass ich ehrfürchtig am Fenster stehe, wenn ich sie zufällig vorbei gehen sehe. Sie flößt mir Respekt ein, wie sie mutig den Berg runtergeht und später wieder raufkommt. Hier und da bleibt sie stehen, vor Erschöpfung oder weil sie irgendetwas betrachtet, immer im Selbstgespräch und in ihren Gedanken versunken.

Wenn mein rechter Nachbar Radio hört, sitzt sie an der hohen Mauer, die ihr Grundstück von seinem trennt und gemeinsam hören sie dem Gottesdienst zu und beten das Ave Maria. Neulich kam sie bei mir vorbei, als ich draußen war und Blumen goss. Wir grüßten uns freundlich, aber sie blieb nicht stehen. Sie ist nicht daran interessiert, was ihre Nachbarn tun und lassen, ihre Welt ist eine andere.

Meine direkte Nachbarin erzählte mir, dass sie einen herzkranken Sohn hatte, dem die Ärzte geraten hatten, nicht zu heiraten.

Wie das Leben so spielt, traf er ein Mädchen, das er liebte und das ihn liebte - und wie die Liebe so spielt, hielten sie sich nicht an den Rat der Ärzte. Und wie die Tradition es will, heirateten sie, trotz Gezeter der Familien und der Mutter des jungen Mannes. Er starb ein paar Wochen nach der Hochzeit an Herzversagen.

Die alte Frau in Schwarz, die manchmal an meiner Haustür vorbeigeht, spricht noch immer nicht mit ihrer Schwiegertochter.

Neulich kamen ihre beiden Töchter zu Besuch, sie leben irgendwo im Norden, wo es Arbeit gibt. Wahrscheinlich brachten sie den Haushalt der alten Mutter ein wenig in Ordnung, sie kauften auch für sie ein.

Aber so ganz glücklich sah die alte Frau in Schwarz nicht aus. Der Groll lebt an an ihrer Seite und ernähren tut sie sich von Erinnerungen an eine andere Zeit.

GEWOHNHEITEN

Jeder Mensch hat irgendwie liebe alte Gewohnheiten an denen er hängt, die sein Leben bereichern, die ihn trösten, wenn er Trost braucht, denen er heimlich oder ganz offiziell nachgeht. In der modernen Welt gibt es sie natürlich auch noch, diese lieben alten Gewohnheiten, aber hier, im Süden Italiens, wo alles noch ein bisschen ist wie es früher einmal war, da haben die Menschen mehr Zeit für diese Dinge.

Mein kranker Nachbar hat es sich zur Gewohnheit gemacht, jeden Morgen mindestens eine Stunde auf seinem Balkon zu stehen. Dort wartet er geduldig auf andere Nachbarn, die vorbeikommen und ihm das Neueste berichten.

Ein anderer alter Herr macht jeden Morgen seinen kleinen Rundgang durch die Gassen und betrachtet voller Stolz die alten Häuser, die ihm gehören, aber jetzt leider seit längerer Zeit leer stehen, und mit Sorge stellt er fest, dass hier und da doch ein paar große Reparaturen notwendig wären. Sonst hat er sich immer auf den Stufen des Hauses an der Ecke ausgeruht. Das gehört ihm nicht, es stand ein paar Jahre leer, jetzt wurde es verkauft und renoviert. Alles sieht freundlich aus, frisch gestrichen und neu. Jetzt ist das Haus bewohnt und er kann seinen Gang nicht mehr unterbrechen und sich auf den Stufen ausruhen. Seit einiger Zeit ist er gar nicht mehr rausgegangen. Die Hitze, das Alter- - Entschuldigungen gibt es ja immer.

Meine andere Nachbarin geht jeden Morgen an meinem Haus vorbei zum Müll. Natürlich trennt sie den Müll! Das hat sie mir gezeigt. Vor ihrem Haus stehen (getrennt) drei Säcke, wie es empfohlen wurde, aber noch keine Pflicht ist. Aber sie ist es gewohnt, jeden Morgen zum Müll zu gehen, der ein paar Berge weiter abgeladen werden kann - für Leute, die noch nicht trennen. Also flüchtet sie jeden Morgen, beladen mit einem kleinen oder größeren schwarzen Müllsack, aus der Langeweile ihres Hauses und hofft auf ein interessantes Gespräch, mit anderen, die auch noch nicht trennen.

Carlo hat seine Operetten und sein Ave Maria, an dem er uns alle teilhaben lässt, der Gemüsemann fährt immer dieselben Wege, nur die Gemüsesorten wechseln je nach Saison.

Giuliano macht seit Jahren seinen Eukalyptus-Honig, nämlich seitdem er nicht mehr zur See fährt. Er war Kapitän großer Frachter und kennt Hamburg und Bremen und kannte viele Frauen, die damals noch jung waren.

Sie alle haben ihre lieben alten Gewohnheiten, an denen sie sich festhalten und die sie nicht missen möchten. Sie geben ihnen Sicherheit und das Gefühl der Geborgenheit. Gut, dass es sie noch gibt.

Und gut, dass es sie wieder gibt, auch in der neuen Welt, zum Beispiel den Café Latte am Morgen, für den sich neuerdings auch junge Menschen gern Zeit nehmen. Ich habe sie auch, meine alten Gewohnheiten und pflege sie - wie sie es verdienen.

COMPLEANNO

Es ist später Nachmittag. Ich sitze allein auf meiner viel zu großen Terrasse, auf die die langsam untergehende Sonne scheint und versuche, den Geburtstagskuchen zu verdauen.

Unten im Dorf wird die Messe gelesen und ich verstehe jedes Wort. Der Priester spricht von den menschlichen Schwächen und dass man ihnen nicht nachgeben soll.

Heute ist der Geburtstag meines betagten Nachbarn. Topfit und lebensfroh im hohen Alter. Und ich war eingeladen. Es gab viel zu essen, mir zu Ehren Fisch statt Fleisch. Ich saß zwischen dem Geburtstagskind Don Carlo und der Nachbarin Carla. Sie heißen Carlo und Carla und sind beide Großeltern.

Außer dem Fisch gab es natürlich Pasta (Primo Piatto) und viele weitere Piatti. Ernesto hatte sich große Mühe gegeben. Und es schmeckte vorzüglich. Dann kam der Geburtstagskuchen mit der großen Kerze, die sofort von einem der Kinder ausgeblasen wurde. Aber das war kein Drama - Aberglaube spielte heute keine Rolle. Beim Versuch, die Kerze neu anzuzünden, fiel sie in den Zuckerguss und zerstörte die Verzierung.

Ich hatte eine große Flasche Sekt mitgebracht, die Marke fand großen Anklang und tröstete Carlo darüber hinweg, dass das Foto von der Torte nun leider nicht perfekt werden konnte. Carla aber blickte missbilligend. Die babyblaue Torte mit dem weißen Zuckerrand hätte eher zu der Geburt eines kleinen Jungen gepasst, aber dann wäre natürlich die hohe Zahl auf der Torte nicht angebracht gewesen. Also saßen wir da um den großen italienischen Tisch, eine große Ersatzfamilie, die Kinder und Enkel konnten leider nicht kommen.

Ich stelle mir das große Haus vor, wie es früher gewesen sein musste. Vier Kinder, eine tüchtige, umsichtige Mutter. Carlo war damals noch nicht *nonno*, sondern *padre*. Er hatte seine Eltern noch mit Sie ansprechen müssen, das hatte er von seinen Kindern nicht verlangt. Ein langes Leben, und ich wünsche ihm noch viele dazu, gesund natürlich.

Er hatte eine halbe Flasche selbst gemachten Wein getrunken, ich ein halbes Glas. Ich fragte ihn scherzhaft, ob die Trauben immer noch mit den Füßen gestampft wurden. „Weißt du, als hier die Wasserleitungen gelegt wurden, hatte ich vier Ingenieure aus dem Norden zu Gast. Sie schliefen hier und schon am ersten Abend tranken sie ziemlich viel Wein. Ich hatte nicht damit gerechnet und meine Reserven wurden knapp. Also stand ich irgendwann auf, klopfte an mein Weinglas und sagte: „Und nun wollen wir alle auf die müden Füße trinken, die diesen Wein gestampft haben!" Sein Lachen war laut und herzlich, die fehlenden Zähne störten ihn kein bisschen. Wir lachten alle mit und tranken fröhlich weiter. Bis Carla anfing über ihren Rücken zu stöhnen. Ihr Sohn blickte sie strafend an aber das half nicht viel.

Dann rief Ada an, die Tochter aus Rom. Wir alle sprachen über Skype mit ihr und und wie selbstverständlich wurde die Technik von heute in das Muster der alten Geschichten von gestern gewebt.

Als ich mich verabschiedete, sagte Carlo: „Ich weiß, dass du dein Haus nur gekauft hast, weil du dich in die Terrasse verliebt hast." „Ja, da hast du recht, und das ist viel besser als wenn ich mich in einen Mann verliebt hätte, oder?"

Die Sonne ist fast untergegangen, der Vollmond steht im Osten. Vorgestern war er umgeben von roten Wolken. Ich bin gern hier, blicke auf das Meer, fühle, wie die Kühle aus dem Tal aufsteigt und höre zu, was die Kirchgänger zu sagen haben. Sie sprechen über alles, aber nicht über den Gottesdienst. Carlo sitzt vor seiner Haustür, er hat den Radio-Gottesdienst heute ausfallen lassen. Und ich werde ihn morgen fragen, welches das wichtigste Jahr in seinem Leben war.

Und ich wette, dass es irgendwas mit dem Krieg zu tun hat, den haben sie alle nicht vergessen, weder die Deutschen noch die Italiener. Und ich bin froh und dankbar, dass es friedlich ist hier im tiefen Süden von Italien.

Na ja, abgesehen von…ja, ich weiß! Aber das ist ein anderes Thema.

ZU VIEL ZEIT

Es ist ja nicht so, dass man oft zu viel Zeit hat, aber neulich ist mir das mal passiert. Und jetzt gibt es da ein paar Fragen in meinem Leben, die mir vielleicht nur mein PC beantworten kann.

Ich saß da also auf meiner tollen Terrasse in Kalabrien und blickte auf den Ätna - oder jedenfalls in die richtige Richtung. Heute war er nicht zu sehen.

Also zählte ich die Oliven an meinem kleinen Olivenbaum. Es waren 39. Aber damit gab ich mich nicht zufrieden, ich zählte noch mal die Schwarzen und dann die Grünen und beschloss, sie nächste Woche zu pflücken und einzulegen.

Aber heute konnte ich das nicht, sie waren nicht reif genug.

Also nahm ich die Fliegenklatsche, die neben meinem Schaukelstuhl lag und beschloss, sie gründlich zu waschen - zu viel Mückenblut!

Auf dem Weg zum Waschbecken kam ich am Kalender vorbei, immer noch Oktober. Aber ich konnte das Blatt doch schon mal abreißen - sonnenklar! In zwei Tagen war November, wer brauchte schon alte Kalenderblätter?

Ich stand da, lauschte und verstand die Welt nicht mehr. Ich lebte jetzt seit vier Monaten im Haus und kannte alle Geräusche - aber dieses war mir unbekannt. Ich hatte Zeit - Zeit zu lauschen, Zeit zu überlegen, Zeit mich zu wundern. Ich wunderte mich über mich selber. Kein Zeitmangel?

Dann war es still im Haus, totenstill und das, was ich gehört hatte, war mein Magen, der vor Behagen knurrte. Und meine innere Stimme, die mir sagte: genieß es, es kommen wieder andere Zeiten.

Ich saß wieder in meinem Schaukelstuhl und fragte mich: haben Fische auch verschiedene Blutgruppen? Sterben Vögel an Herzversagen während des Fluges? In welcher Schule haben die Tauben das Gurren gelernt? Und versteht eine Schwalbe die Sprache des Spatzen?

Was flüstert der Südwind dem Westwind zu, wenn sie sich vereinen?

Und woher wusste Lot, dass seine Frau zu einer Salzsäule erstarrte - hat auch er sich umgedreht?

Mein Handy klingelte und kurz darauf das andere. Erschrocken fuhr ich hoch. In welcher Welt war ich gewesen?

FLÜSTERN

In Kalabrien reden die Leute laut und deutlich. Ich höre gerade meiner Nachbarin zu, ungewollt. Sie wohnt drei Häuser weiter in einer Gasse und erzählt - ich weiß nicht wem, ich weiß nicht was, aber ich höre sie.

Und das ist das Gute an der Sache. Ob über das Wetter gesprochen wird, oder jemanden, der gestorben ist. Ob eine Hochzeit das Thema ist oder das Abendessen für heute, ob es die Krankheit ist oder mehrere, die Gespräche fallen immer so aus, dass jeder mithören kann - der möchte. Nur derjenige, der nicht mithören möchte, muss seine Ohren verschließen. Aber zum Glück gibt es derer nicht viele.

Die Themen sind immer aktuell. Die meisten sehen die Nachrichten, Werbung, verschiedene Programme im Fernsehen. Auch die Kirchgänge bringen immer Neuigkeiten, sogar aus den anderen Gemeinden. Und der Gang zum Dorf-Doc rundet das Ganze ab, oder besser auf.

In der Gasse hat sich der Besuch verabschiedet, versprochen ist versprochen. Er kommt morgen wieder - so viel habe auch ich verstanden. Dafür streiten sich jetzt die Nachbarn zu meiner Linken, aber liebevoll, der Lärmpegel ist noch sehr niedrig.

Ich wohne jetzt seit fast zwei Monaten in meinem Haus. Morgens weckt mich kein Hahn und kein Hund, aber die Stimme meiner Nachbarin, die laut und deutlich mit ihrem nicht schwerhörigen Mann spricht, obwohl sie sich bestimmt erst gestern Abend noch gesehen und gesprochen haben. Nicht zu vergleichen mit dem deutschen Ehepaar, das sich neulich im Restaurant eine volle Stunde anschwieg. Da half nicht einmal der gute italienische Rotwein, der auf dem Tisch stand.

Komisch, aber hier habe ich zuerst die Stimmen kennen gelernt und dann die dazu gehörenden Gesichter. Neulich, und das war ziemlich aufregend, hörte ich meinen Namen. Meine Tür war geschlossen, ich kam gerade aus der Dusche. Ich finde immer, solange laut und deutlich über jemanden gesprochen wird, ist das nicht gefährlich. Erst wenn sie flüstern, sollte man versuchen zu verstehen, worum es geht.

Naja, es war der Postbote, der meine Nachbarn zusammengetrommelt hatte, weil er den an mich adressierten Brief nicht unterbringen konnte.

Ich denke, sie kennen jetzt alle meinen Namen, weil er nicht groß aber deutlich an meiner Haustür steht. Ob sie hinter meinem Rücken flüstern, weiß ich nicht, aber ich denke, dass das schon aufgehört hat. Sie bringen mir Gemüse, erzählen mir von ihren Sorgen, passen auf, dass meinem Auto nichts passiert und freuen sich an meinen Blumen.

Und wenn ich irgendwas brauche, soll ich es sagen und wenn irgendetwas nachts passieren sollte, soll ich an die Wand klopfen und laut rufen.

Das laute Rufen muss ich erst noch lernen, aber ich kann ja mal das laute Sprechen versuchen, von einem Balkon zum übernächsten,

Mal sehen, wie sie das finden - meine neuen Freunde in Kalabrien.

DIE GERÄUSCHKULISSE.
UND DER VORHANG FÄLLT NIE.

Sonntag. Wir sind in Italien. Und natürlich laden die Kirchenglocken zum Gottesdienst ein, aber wir haben keinen Big Ben-Wohlklang, sondern hier handelt es sich eher um von Hand betriebene Bim-Bim-Glocken aus Leichtmetall. Aber vorher, so gegen 07:30 Uhr meldet sich der Obst- und Gemüseverkäufer per Lautsprecher und seine *Ape* quält sich den Hügel hinauf. Die arbeitende Bevölkerung des Dorfes verflucht ihn jeden Sonntagmorgen, aber noch ist keiner aufgestanden, um ihm das zu sagen.

Da kommen auch schon die ersten Autos den Berg hinunter und es ist Sitte und Brauch, vor jeder Kurve einmal kräftig zu hupen, um den eventuell entgegenkommenden Verkehrsteilnehmer zu warnen. Vor meinem neuen Haus ist so eine Kurve, aber ehrlich, ich springe jetzt nicht mehr jedes Mal hoch, um nachzusehen - wir sind schließlich in Italien!

Abends so gegen 18 Uhr, wenn man schon „*Buona Sera*" sagt, knattert das Moped von Domenico (so heißen hier viele, auch wenn sie nicht am Sonntag geboren wurden) mit Höchstgeschwindigkeit und Höchstlärmpegel durch die engen Gassen unseres kleinen Dorfes. Domenico repariert während des Tages teure Motorräder und hätte auch gern eins.

Im Haus gegenüber sind Leute aus Milano eingezogen. Sie verbringen jedes Jahr den Sommer hier. Der nette kleine Rehpinscher, den sie mitgebracht haben, musste heute allein zu Hause bleiben, denn die Familie wollte ans Meer. Zu heiß für das kleine Tier mit der Riesenstimme. Er heulte und weinte von 14 bis 17 Uhr, dann war er es leid und hörte auf. Um kurz nach 17 Uhr kam seine Familie zurück - und er wurde über alles gelobt, weil er sooo artig gewesen war.

Und dann gibt es zwei echt süße Kinder, eins rechts von mir, eins links, ein Junge und ein Mädchen. Ich weiß nicht, ob sie sich kennen, aber ihre Stimmen müssten sie schon ein oder zweimal gehört haben.

Der kleine Junge (links von mir) hat ein batteriebetriebenes Kinderauto, alles klar, super, aber seine Mama hat Angst, dass es zu schnell den steilen Hügel hinunterfährt. Er hingegen will genau das immer wieder ausprobieren.

Die Kleine auf der rechten Seite ist echt süß, sie heißt Emilia. Das weiß ich so genau-, weil drüben ein großer Garten ist und Emilia es liebt, sich in den Büschen zu verstecken und zu beobachten, wie die ganze Familie in Panik ausbricht, wenn das Kind nicht zu finden ist und zufällig auch noch das elektrische Tor aufgeblieben ist - natürlich aus Versehen, und keiner wars!

Dann kommt am Dienstag der Mann, der „Kotze, Kotze" - „frische Kotze!" ruft. Das erste Mal blieb ich perplex und wie vom Donner gerührt stehen, dann beugte ich mich wie alle Italienerinnen weit über meinen Balkon, bis ich sehen konnte, was er verkaufte. Es handelte sich um Miesmuscheln - mieser Scherz, oder? Ich esse die Dinger nämlich sehr gern.

Es ist neun Uhr morgens und allmählich hat auch der letzte der Einwohner des kleinen Bergdorfes seinen Lieblingssender im Radio oder am Fernsehen gefunden. Aus den verschiedenen Häusern höre ich Gesprächsfetzen, lauter oder lauter. Leise gibt es nicht so oft. Nur letzte Woche, am Mittwoch, war es sehr ruhig im Dorf.

Donna Maria war in der Nacht endlich nach langem Leiden eingeschlafen und die Nachricht machte schon früh morgens die Runde.

Gerade kommt der Gemüsewagen mit dem orangefarbenen Dach um die Ecke gebogen. Die alten kalabrischen Melodien aus dem Lautsprecher übertönen für ein paar Minuten die TV- und Radiosender. Dann wird der Lautsprecher abgestellt und Antonio im blütenweißen ärmellosen Unterhemd verkündet lautstark die Preise des heutigen Tages, die nie niedriger waren. Ich habe schlecht geschlafen. Die Nachbarn aus Milano sind angekommen, mit dem Minihund und dessen Maxistimme. Bella, die Hündin, die im anderen Nachbarhaus lebt, mag ihn nicht. Das Streitgebell der beiden wurde nur manchmal von dem wütenden Geschimpfe des Herrchens unterbrochen, der dann aber auch machtlos im Bett liegen blieb.

Als Donna Maria gestorben ist, hat mich das an Ottenbüttel erinnert. Ich habe sie noch gesehen, einen Tag vorher - und die schwarzen Schatten um ihren Mund und um die Schläfen waren ein Zeichen für mich, dass sie gehen würde. Ihre Tochter hatte sie seit Monaten gepflegt, obwohl Donna Maria den herzkranken Sohn, der sehr früh gestorben war, viel mehr geliebt hatte. Auch das kommt mir bekannt vor.

Heute Abend hat die Tochter der verstorbenen Donna Maria nur drei Mal telefoniert, mit ihrer Tochter, die Linda heißt und in Milano wohnt und deren Schwiegermutter sehr krank ist. Aber Sterben dauert manchmal etwas länger. Die Unterhaltung wird immer wieder unterbrochen, weil die Verbindung schlecht ist. Ich kenne das, und aus diesem Grund telefoniere ich hier nicht so gern.

Der Jammerton lässt daraus schließen, dass es wirklich schlecht steht um die arme Kranke und die vielen guten Ratschläge, die sie ihrer Tochter gibt, lassen daraus schließen, dass diese nicht befolgt werden. Gestern ging es um irgendwelche Dokumente, die die Mutter zur Post bringen sollte. Ich hörte, wie sie der Tochter sagte, dass sie morgens bei der Post gewesen sei, aber es sei zu voll gewesen. Voll war es ganz bestimmt, denn die Rentner holen am Monatsende ihre Rente von der Post ab und die Schlange ist dann endlos lang. Aber ich weiß genau, dass meine Nachbarin aus Milano den ganzen langen Morgen bei meiner Nachbarin Edda verbracht hat, und nicht bei der Post - das hat Edda mir erzählt. Und dabei hat Edda einen ihrer Hilfe suchenden Blicke gen Himmel geschickt, obwohl die Sonne blendete. Sie hatte eigentlich etwas ganz anderes machen wollen, aber die Frau aus Milano war einfach nicht gegangen.

„Weißt du" sagte Edda dann noch, „weißt du, der Hund jault, wenn sie ihn nicht mitnehmen, sie telefoniert stundenlang unter meinem Fenster, und sagt immer dasselbe, da macht das Zuhören keinen Spaß...dann vergessen sie den Wecker abzustellen und der macht Töne wie die schlimmste Sirene."

KALABRIEN WIE ES WEINT UND LACHT

Die Sonne scheint von einem leicht bewölkten Himmel, eine leichte Brise bewegt die frischen Blätter, die Vögel zwitschern ihre kleinen Liedchen. Sie haben wieder Zeit, die Nester sind längst gebaut. In der Ferne, und doch nicht fern genug, jault ein Hund sein Leid in den Tag.

Im Dorf läutet die Kirchturmglocke: e morte la madre del *Tabaccaio*.

Ich habe es vorhin in der Küche gehört, als ich mein Olivenöl auffüllte. Kalabrien liegt zwischen Milano und Afrika - nicht nur geografisch gesehen.

Ich nehme meine Tasche, schließe meine Haustür aus Glas mit einem kleinen Schlüssel ab, den ich nicht verlieren darf, und mache mich auf den Weg zur Post.

Überall sind Menschen. Die, die mich schon kennen, grüßen freundlich - die anderen werden gleich erfahren, wer ich bin. Eigentlich wollte ich Richtung *Tabaccaio* gehen, biege aber sofort ab, als ich das große, handgeschriebene Schild an der Tür sehe. Ich weiß, was auf diesem Schild steht und mache einen großen Bogen um den kleinen Laden - Richtung Post. Die Menschenschlange vor der Post ist ungewöhnlich lang, viel länger als sonst. Sie ist immer lang, aber heute... ich überlege gerade, ob gerade die Renten ausgezahlt werden oder welch anderen Anlass diese Menschenmenge haben könnte, aber die Antwort kommt wie aus der Pistole geschossen, als ich mich zögernd als letztes Glied der Kette anschließe. „E morte la madre del *Tabaccaio*."

Ich nicke mit einem traurigen Blick und sofort geht der Monolog der alten Frau weiter. Die Alten in Kalabrien sprechen wenig Italienisch, aber aus den Gesten und der unverkennbaren Mimik kann man auch ungeübt das eine oder das andere erraten. Also stehe ich da vor der Post - mit allen Anderen und harre der Dinge, die da kommen werden. Aber es kommt nichts! Die Schlange wird einfach nicht kürzer - eher länger. Die parkenden Autos blockieren die enge Straße, das Hupen übertönt die Kirchenglocken.

La morte della madre del *Tabaccaio* hat unerwartete Folgen. Der Computer, bzw. die beiden Computer in der Post sind aus unerklärlichen Gründen ausgefallen und der einzige, der sie wieder in Gang bringen kann, ist der *Tabaccaio*, dessen Mutter gestorben ist und der jetzt andere Dinge zu tun hat.

GEHEN UND BLEIBEN

Aus dem gelben großen Haus, in dem der alte Herr wohnt, klingt wieder Operettenmusik. Fast vier Wochen hat er sich damit geduldig zurückgehalten. Auch der laute Nachmittagsgottesdienst, dem seine alte Nachbarin, die kein Radio besitzt, beiwohnt, war während des Urlaubs, den seine Kinder bei ihm verbrachten, nicht gern gehört.

Heute sind sie alle in die Stadt gefahren, um Einkäufe zu erledigen und morgen geht es dann wieder Richtung Norden: Torino, Milano, Roma.

Schon gestern haben Viele ihre Koffer gepackt, voll mit *N'duja*, Salami, Käse und den Köstlichkeiten, die es nur hier gibt und die auch nur hier in Kalabrien schmecken, aber das weiß man erst dann, wenn man die wohlbehütet transportierten Dinge zu Hause auspackt und probiert.

Mein kranker Nachbar auf der linken Seite, der morgens immer eine Stunde auf dem Balkon verbringt, hat heute alle Hände voll zu tun.

Ohne Gestik und Mimik wäre es zu schwer, sich mit den Freunden und Bekannten von einem Balkon zum anderen zu unterhalten.

Immer, wenn ein Auto vorbeifährt, muss er die Stimme heben und mit der alten Mutter seiner Nachbarin, die drei Häuser weiter wohnt, ist die Unterhaltung noch schwieriger. Da entstehen dann die Missverständnisse, über die man noch wochenlang mit der eigenen Familie diskutieren kann, nämlich in der Zeit, wenn es nichts anderes mehr zu diskutieren gibt.

Der August ist der interessanteste Monat in Kalabrien.

Diejenigen, die im Norden arbeiten, bewohnen ihre Ferienhäuser in der Heimat und mischen sich unter die vielen Touristen am Strand. Die Restaurants und Hotels sind voll - der Rubel rollt, verschiedene Nationalitäten treffen aufeinander und haben es gelernt, die jeweiligen Eigenarten zu tolerieren oder zu belächeln.

Die Obst- und Gemüseverkäufer werden wieder umdenken müssen. Sie werden ab September weniger verkaufen und im Winter werden die Gürtel dann noch enger geschnallt. Aber die Italiener sind Optimisten und wissen genau: der nächste Frühling kommt bestimmt. Die Sonne scheint seit einem Monat, sie ist eine derjenigen, die keinen Urlaub gemacht hat. Und dazu gehören Viele. Dienstleistung wird riesengroß geschrieben und ein freundliches Lächeln gehört unbedingt dazu. Nerven wie Drahtseile sind gefragt, wenig Schlaf ist angesagt - gute Laune und der nicht sehr gute Lohn hilft dabei, den Winter einigermaßen zu überstehen.

Kalabrien im August - ich sehe es von beiden Seiten: aus der Sicht derer, die hier Urlaub machen und aus der Sicht derer, die bleiben.

Ich habe beschlossen zu bleiben, es gibt noch so viel zu entdecken und zu lernen. Und die Sonne bleibt auch noch, das hat sie mir versprochen. *;*

Die kleine, enge Gasse, die an meinem Haus vorbeiführt zu dem Platz, auf dem die Händler jeden Morgen ihr Obst und Gemüse und den frischen Fisch verkaufen, besteht aus einer Treppe mit lang gezogenen Stufen. Sie erinnert mich an die Treppe im Schloss von Plön, die extra für die Pferde mit ihren Reitern gebaut wurde.

Hier waren es wohl eher die Esel, die mit ihrer Last die Stufen nehmen mussten. Für Kinder ist diese Treppe vor meinem Haus ein Spielplatz, sie rennen munter rauf und runter und spielen mit ihren Bällen. Für alte Leute ist sie eine Qual.

Die alten Füße tasten sich langsam voran und die unberechenbaren Höhenunterschiede der Stufen sind für sie schwer einzuschätzen. Es ist Sonntag, eine der alten Nachbarinnen hat Besuch von ihrer Enkelin aus Milano. Die Beiden haben einen Spaziergang gemacht, weil die Eltern der Kleinen ausschlafen wollten und jetzt sind sie auf dem Rückweg. Das Kind hüpft und springt an der Hand der alten Frau, die versucht, das Gleichgewicht zu halten. Plötzlich bleibt die Kleine stehen. „Nonna, wie macht man das, wenn man beten will?" Die Stimme der Nonna ist weich und klingt so wie immer. „Das ist ganz einfach, du faltest deine Hände, schließt deine Augen. Dann wartest du einen Augenblick und sagst Danke." Die Beiden gehen weiter als sei nichts gewesen. Sie haben die letzten Stufen der Treppe sicher erreicht.

LINO

Meine direkten Nachbarn. Sie hören, wenn ich die Toilette spüle, sie hören, wenn ich morgens dusche und die elektrische Zahnbürste betätige. Sie wissen genau, wann ich morgens aufstehe und wann ich abends ins Bett gehe. Und mir geht es nicht anders. Lino und Edda sind keine Langschläfer und so teilen wir indirekt die Tage und die Nächte.

Lino hat eine Stimme, um die ihn jeder Priester in der ganzen Umgebung beneidet. Diese mächtige Stimme könnte eine ganze Kirche ausfüllen. Ich muss ihn unbedingt mal fragen, ob er nicht mal in Erwägung gezogen hat, von einer Kanzel zu predigen, denn auch das was er sagt, hat Hand und Fuß. Lino hat eine seltene Knochenkrankheit, die einen seltenen Namen hat und deshalb hat Lino den Namen dieser Krankheit vergessen.

Aber er hat nicht vergessen, was der Dorfarzt ihm vor 40 Jahren gesagt hat - nämlich, dass diese Art von Krankheit nicht zu heilen sei. Lino hat daraufhin beschlossen, sich einen bequemen Sessel zu kaufen und einen Fernseher mit Fernbedienung, damit Edda es bequemer hat und die Programme nicht immer umstellen muss. Lino kann nicht mehr arbeiten, aber er ist gebildeter, als jeder andere im Dorf. Er sieht die Nachrichten, Quizshows, Reiseberichte, Dokumentarfilme und wenn Edda nicht zuhause ist, eine Sendung, die sie für unanständig hält.

Sogar an Familienfeiern nimmt er nicht teil, wenn sie nicht im Haus stattfinden. Wir haben ihm angeboten, ihn im Rollstuhl zu fahren, der in der Garage steht, aber er hat nur den Kopf geschüttelt. Das tut er, wenn er nichts mehr zu einem Thema zu sagen hat.

Obwohl Lino das Haus nicht verlässt, trägt er immer einen Strohhut auf dem Kopf. Vorgestern war es besonders heiß und ich habe versucht, ihn zu bewegen, wenigsten den Lehnstuhl mal für eine halbe Stunde nach draußen zu stellen.

Er mag mich sehr, wir reden immer über alle möglichen Dinge, aber dieses Mal hätte er mir fast die Freundschaft gekündigt. Nein, er verlässt das Haus nicht. Und wenn er das sagt, klingt das fast wie ein Gelübde das er irgendwann und irgendjemandem gegeben hat.

Von Lino habe ich auch erfahren, wie es hier im Dorf war mit den Deutschen im Krieg. In seiner Stimme ist kein Hass, wenn er von der Besatzung spricht. Eher fast Mitleid: „Die armen Soldaten hatte ja auch nichts zu essen, und dann haben wir eben gemeinsam die paar rohen Kartoffeln gegessen, die wir hatten. Du hättest mal sehen sollen, wie sie da reinbissen, verhungert wie sie waren, genauso wie wir auch.

Und wenn Edda dann kommt und sich zu uns setzt, höre ich noch, wie die Soldaten von Haus zu Haus gingen, um Lebensmittel aufzutreiben und nichts fanden. Es war Winter und kalt und feucht und fröhlich waren sie alle nicht. Die schrecklichen Dinge, die sie mit den deutschen Soldaten erlebten, erzählten sie mir auch. Aber: es war ja Krieg damals - und im Krieg ist das nun mal so. Sie versuchen mich zu schonen.

Lino weiß viel über das Deutschland von heute und auch über die deutsche Politik. Und Frau Merkel kennt er natürlich auch.

Mit einigen Dingen, die im Laufe der EU-Zeit geändert wurden, ist er natürlich nicht einverstanden aber das kann man eben nicht ändern. Der Krieg in Syrien, die Politik Nordafrikas, die Probleme in Griechenland - und hinter vorgehaltener Hand, die Mafia in Deutschland - aber die russische Mafia ist ja noch schlimmer! Wie gesagt, Lino ist informiert und mit Hilfe der großen Kiste, in der alle möglichen Medikamente aufbewahrt werden, lebt er sein ruhiges Leben.

Ihm wird alles zugetragen, was im Ort passiert, die Familie kümmert sich rührend und wenn er seine große, mächtige Stimme erhebt, kann er gewiss sein, dass alle ihm zuhören. Seine Stimme ist das Barometer seines Befindens - wenn es ihm gut geht, ist sie nicht zu überhören. Geht es ihm schlecht, fehlt uns allen etwas.

Gestern war dicke Luft bei meinen Nachbarn. Da ich morgens in der Schule war, hatte ich dummerweise nicht mitbekommen, worum es da eigentlich ging. Das war nicht sehr angenehm, ich war unfreiwilliger Zuhörer stundenlanger Streitgespräche und fand nicht heraus, was passiert war. Ich hörte die Stimmen meiner Nachbarn, noch mehr Dialekt als sonst. Das ist immer so, wenn sie sich über irgendetwas aufregen. Eddas Stimme war am lautesten. Lino hielt sich zurück, ein Zeichen dafür, dass er meinte, im Recht zu sein. Bianca verteidigte sich lautstark und auch die anderen waren lauter als gewöhnlich.

Ja und heute ist alles wieder in Ordnung. Das Lachen und Streiten und die Musik und das Fernsehen und Linos Stimme, die leicht eine ganze Kirche ausfüllen könnte.

Vorhin kam Edda zu mir. Sie brachte mir Tomaten.

Wir redeten ganz normal und sie fragte nicht, ob mich der Streit und der Lärm gestern gestört hätten. Ich gehörte dazu und das war noch besser als die roten Tomaten.

ALLES MÜLL

Zuerst waren es nur laute Stimmen - nichts Besonderes im Süden Italiens. Dann wurden die Stimmen lauter, ein Streitgespräch. Dann wurden Türen geschlagen, eine Tür knallte noch lauter, als die vorige. Ich saß noch immer am Computer und schrieb weiter - warum auch nicht? Der Lärmpegel stieg, aber ich blieb sitzen. Was sollte ich auch tun?

Eine Frauenstimme schrie in den höchsten Tönen etwas von Müll.

Eine erboste Männerstimme antwortete. Dialekt kann ich noch nicht verstehen aber es schien auch hier um den Müll zu gehen.

Müll, dachte ich, ist ein echtes Thema hier. Es scheint so einfach, den Abfall in die bereitstehenden Behälter zu werfen, die überall am Wegesrand aufgestellt sind, aber leider werden sie nicht abgeholt und wenn sie überfüllt sind, liegt der ganze Dreck eben auf der Straße oder sonst wo. Dann kommt ein Sturm und weht alles durch die Gegend. Die Müllmänner streiken, die Müllhalden sind voll, Müll ist ein Problem.

In der Nachbarschaft schreit man weiter, dann knallt wieder eine Tür, dann ist es ruhig. Erleichtert lehne ich mich zurück. So, das wäre geschafft: Ruhe. Aber ich habe mich geirrt. In der Gasse, an die mein Haus grenzt, nähern sich eilige Schritte. Etwas schleift auf dem Boden. Ein Mann flucht leise. Ich will gerade aufstehen und mich wie die Italienerinnen aus dem Fenster hängen, da knallt etwas. Scheppert, knirscht, flucht laut und dann hastige Schritte, vorbei an meiner Haustür und: nichts mehr.

Draußen liegt eine schwarze Mülltüte, randvoll, geplatzt. Dosen, Zucker, mindestens ein Kilogramm, Papier, na ja, was soll ich sagen, Müll breitet sich aus über die Treppenstufen, und kein Mensch zu sehen.

Und so sah die Treppe aus heute, den ganzen Tag über. Ich beäugte den Inhalt von meinem Balkon aus. Vielleicht ein Brief mit Anschrift, vielleicht ein Flugticket…ein Liebesbrief, wer weiß, die Kripo hätte schnell herausgefunden, wer der Übeltäter war.

Ich dagegen bin schon Halbitalienerin. *Domani* wird irgendeine Lösung kommen, ganz von allein. Das hat Italien so an sich. Aber ich brauche gar nicht bis morgen zu warten. Gerade kommen ein Mann und eine Frau um die Ecke. Sie hat eine schwarze im Wind wehende Mülltüte in der Hand, er eine andere. Heute sind ihre Stimmen ganz fröhlich und von dem Streit von gestern ist nicht mehr viel übrig. Gemeinsam machen sie sich daran, den Kram, der über die ganze Treppe verstreut liegt, einzusammeln.

Anstatt mich über die Brüstung zu hängen (wie eine Italienerin) reiche ich den Beiden eisgekühlte Getränke durch die Gitterstäbe. Der Müll ist weg, die Beiden auch, aber jetzt rufen wir uns immer ein fröhliches „Salve" zu, wenn wir uns sehen. Viva Italia - trotz Müll.

STOLEN FIGS

Der Name Rotella ist in Kalabrien nicht unbekannt. Es gibt da einen Maler, einen Schriftsteller und andere Rotellas, die den üblichen Beschäftigungen nachgehen und sich ihren Lebensunterhalt mehr oder weniger mühsam verdienen, wie alle anderen, die in der Stiefelspitze ausharren, weil sie hier zu Hause sind.

Natürlich gibt es auch Reiche, aber das ist auf den ersten Blick nicht zu erkennen, weil der Reichtum meistens hinter den alten Mauern der Häuser verborgen ist. Oft ist man überrascht von der Eleganz der Einrichtung in den hohen Räumen, von der man nichts ahnte.

Während der schlechten Zeiten wanderten viele Männer und auch einige Frauen aus. Nach Argentinien, nach Amerika, nach Nordeuropa oder einfach nur nach Milano oder Torino in den Norden. Viele haben ihre Haustüren verschlossen und kommen nur im Sommer zurück, um ein paar Wochen in der vertrauten Umgebung zu verbringen. Da hört man plötzlich Geräusche und Stimmen und das Gebell von kleinen Hunden und das Geschrei von Kindern und auf den kleinen Plätzen in den Dörfern stehen teure Wagen neben den verbeulten alten Autos derjenigen, die nicht ausgewandert sind.

Der Großvater von Mark Rotella wanderte nach Nordamerika aus. Seine Frau kam ein bisschen später nach. Erst dem Vater von Mark Rotella gelang es, zusammen mit seinem Sohn eine Reise in die Heimat seiner Eltern zu machen, als die beiden schon in dem fremden Land gestorben waren. Einmal Italiener, immer Italiener? Mark Rotella hatte Wurzeln, das spürte er genau, aber erst im Land seiner Vorfahren erkannte er, wie stark diese Wurzeln eigentlich waren. Er reiste durch Kalabrien, besuchte Verwandte, entdeckte die italienische Geschichte und die Küche seiner Großmutter, begleitet von den vielen Gerüchen der verschiedenen Kräuter und Gewürze.

Kalabrien hat viele Kurven und hinter jeder Kurve wartet eine Überraschung. Die Straßen sind meistens nicht sehr gut und man sollte langsam und vorsichtig fahren. Auf einer Seite das blaue Meer, auf der anderen Seite steile Felsen, kleine Dörfer in den Bergen, große Schafherden, die auf den engen Wegen die Weiterfahrt verzögern. Er ist ein neugieriger Mensch, dieser Rotella, und so blieb es nicht aus, dass er mehr über die *n'Drangheta* und ihr oberstes Gesetz *la Omertà* wissen wollte. Ohne zu urteilen beleuchtet es den Ursprung der „Organisation" und findet einleuchtende Erklärungen dafür, dass vor sehr langer Zeit die Notwendigkeit bestand, zu tolerieren, was nicht zu ändern war.

Das Buch von Mark Rotella über das Land seiner Väter heißt *Stolen Figs*. In Kalabrien gibt es viele Feigenbäume, eigentlich überall dort, wo Menschen Feigen gegessen und die Reste der süßen Früchte weggeworfen haben oder wo Vögel oder andere Tiere dem süßen Duft nicht widerstehen konnten. Feigen sind gut für die Verdauung, nicht nur bei Menschen, nehme ich an. Die Feigenbäume stehen oft auf Feldern, auf denen früher gearbeitet und auch gegessen und getrunken wurde.

Ihre großen Blätter glänzen dunkelgrün in der Sonne und auch aus der Bibel ist das Feigenblatt bekannt, als eine Art Lendenschurz für Männer. Seit ein paar Wochen sind die Feigen wieder reif. Das heißt, noch nicht ganz. Noch sind sie hellgrün und bis sie platzen, dauert es noch ein bisschen. Aber sie sind beliebt, und die Touristen bezahlen gut.

Heute Mittag, als ich nach Hause kam, stand ein Teller, etwas versteckt und bedeckt, vor meiner Haustür. Feigenduft! An der Art, wie sie gepflückt worden waren, erkannte ich, dass es „stolen figs" waren. Ich blickte mich um, konnte aber niemanden entdecken. Also nahm ich das großzügige Geschenk und verschwand ungesehen im Haus.

Mark Rotella kam mir in den Sinn und seine Feigen. Und so ist das nun mal in Kalabrien, mit dem Obst und dem Gemüse. In der Bibel steht: eine Hand soll nicht wissen, was die andere gibt. Vielleicht ist das die grobe Übersetzung von: Eine Hand wäscht die andere - wer weiß?

Es gibt hier viele Dinge, die einfach nur so geschehen. Keiner hat gesehen, keiner hat gehört. Dagegen sind „stolen figs" eine Kleinigkeit, eine süße Kleinigkeit.

Ach so, was mir da noch einfällt, in Tropea gibt es einen Trödelladen, da habe ich ein Bild entdeckt - gezeichnet Mimo Rotella. Noch steht es da, aber ich könnte ja….noch mal genau hinsehen. *;*

VERSUCHUNG

Eine Versuchung ist eine Gelegenheit, die einem ganz einfach über den Weg läuft. Und dann ergreift man sie oder man lässt sie laufen.

Ariella hatte einen kurzen Besuch bei mir gemacht und als sie wegfuhr, war es richtig schön dunkel. Sie ist eine gute Autofahrerin und so war ich mehr als erstaunt, als sie 20 Minuten später wieder vor meiner Haustür stand. Ariella ist fast immer ruhig und gelassen - man muss in ihre Augen blicken, wenn man mehr erfahren möchte. Aber ich sah, dass sie aufgeregt war. „Da ist ein kleiner Hund. Fast noch ein Baby. Auf der Straße, läuft hin und her und kommt bestimmt unter ein Auto. Ich weiß nicht, was ich machen soll. Ausgesetzt wahrscheinlich!"
Voilà: die Versuchung. Ariella liebt Hunde und ich liebe Hunde, bisher waren wir uns da immer einig.
Es war spät, es war dunkel. Ich wusste, dass die Nacht lang werden konnte. Wir machten uns auf den Weg und ich hoffte inständig, dass der Hund nicht mehr da wäre. Aber er war da. Kein Haus in Sicht, kein Mensch, kein Licht, aber dieser Winzling, der uns direkt vors Auto sprang. Ariella bremste, ich stieg aus und sofort kam das kleine Wesen auf mich zu gerannt, ließ sich anfassen, winselte, leckte meine Hände - hinter uns bretterte ein Wagen den Berg hinunter. Ich stieg wieder ein, wir fuhren weiter, die kleine Hündin - wir hatten schnell mal nachgesehen, ob es sich um ein Mädchen oder einen Jungen handelte - auf dem Schoß. Ariella fuhr langsam weiter und blickte mich an…und was jetzt? sah ich in ihren Augen.

Wir hatten der Versuchung nicht widerstanden und mussten die Konsequenzen tragen. An Gewicht war das nicht so schwer, die Kleine war höchstens zwei Monate alt, im Licht des Autos betrachtet sogar sehr hübsch, und kein bisschen schmutzig. „Eine Nacht nehme ich sie - nicht länger!" Ein Hundeblick der aus der Seele kam und Ariellas Erleichterung hätten eine andere Reaktion nicht zugelassen. Und mein Gewissen auch nicht. Also fuhren wir zum Supermarkt und kauften Hundefutter. Milch hatte ich zu Hause. Ariella verabschiedete sich, sie musste am nächsten Morgen früh arbeiten und mein Nachtdienst begann, und zwar ab sofort.

Meine Wendeltreppe ist schon sehr eng für mich allein, aber in den nächsten Stunden kletterte ich sie rauf und runter, x-mal, immer mit der Kleinen auf dem Arm. Wenn ich sie absetzte, fing sie laut an zu weinen. Unten hatte ich eine große Box für die Wintersachen. Ich warf alles achtlos in die Regale, polsterte die Kiste aus mit Decken und Kissen, die ich für gemütlich hielt. Als alles fertig war, alles einhändig, wollte ich die kleine Maus, die todmüde aussah, total erschöpft, in die Kiste setzen. Ich hatte mich gerade gestreckt, da musste ich wieder auf die Knie: Das Baby schrie - herzzerreißend - mein Herz stockte. Es war spät, meine Nachbarn waren schon im Bett. Die Versuchung, sie einfach schreien zu lassen, scheiterte an der Tatsache, dass sie mit der ganzen Kiste umkippte, sich an meinem Hosenbein festkrallte und versuchte hochzuklettern. Also kletterten wir stattdessen beide die Wendeltreppe hoch - langsam. Ich musste versuchen nachzudenken.

Meine Gedankengänge glichen einem Irrgarten aber irgendwie erinnerte ich mich-, dass ich diese Situation schon kannte. Es war nicht das erste Mal, dass ich einer derartigen Versuchung nicht hatte widerstehen können. Also ließ ich meine Erfahrung sprechen - die Kleine hatte gefressen, hatte Pipi gemacht, Caca - alles auf meinem weißen, sauberen Fliesenboden.

Ich machte zwei Betten auf dem Wohnzimmersofa, eins für sie, eins für mich. Das Zweite hätte ich mir sparen können, eins war total ausreichend: die Kleine lag an meinem Kopf, zupfte mir vorsichtig ein paar Haare aus - ihre Mutter war sicherlich langhaarig. Ich versuchte, sie davon abzuhalten, aber sie kam immer näher. Zum Glück roch sie angenehm. Dann winselte sie, sie wollte runter. Pipi - dachte ich und lag richtig. Aber allein konnte sie nicht vom Sofa springen, das sah ich ein. Kopfsprung in dem Alter war erstens gefährlich und erforderte außerdem Mut. Also machte ich das Licht an und half ihr vom Sofa. Sie rannte bis zur Tür und machte ihr Pipi. Ich stand auf - der große Putzlappen lag schon bereit - wischte, wusch meine Hände. Der Winzling trank Milch, wir gingen wieder aufs Sofa.

Die Nacht war lang und irgendwann hörte ich auf zu zählen, wie oft sich dieses Ritual wiederholte. Ich denke, die Kleine war aufgeregt - sie vermisste ihre Mutter und leider konnte sie mir nicht sagen, was passiert war. Gegen Morgen schliefen wir beide ein, wohlverdient fand ich. Sie lag ganz dicht an meinem Kopf, neben meinem rechten Ohr. Ich bewegte mich nicht einen Zentimeter, wir hatten uns aneinander gewöhnt. Wir hatten eine Nacht zusammen verbracht - das verbindet. Und bindet?

Nein, ich wollte keinen Hund, auch keine kleine Hündin - im Oktober fahre ich zurück nach Deutschland für etliche Monate, es war nicht möglich, auch nur einen Gedanken daran zu verschwenden, die Kleine zu behalten. Aber einen Namen habe ich ihr gegeben: ich nannte sie Ari, weil Ariella sie gefunden hatte.

Am Spätnachmittag des nächsten Tages kam Ariella und holte sie ab, sie hatte eine Familie für sie gefunden. „Du siehst müde aus!" „Das sieht nur so aus, wir haben zwei Stunden geschlafen." Mit einem weinenden und einem lachenden Auge nahm ich Abschied, ganz kurz, wie ich das immer tue. Sie verschwand aus meinem Leben wie sie gekommen war - plötzlich. Und plötzlich war das Haus wieder leer. Ich ging ins Badezimmer und bürstete meine Haare - die, die sie mir gelassen hatte. Die Versuchung war groß aber die Vernunft hatte gesiegt.

Gestern Abend rief ein Freund mich an. „Stell dir mal vor, irgendjemand hat vier Katzenbabys vor unsere Haustür gelegt - was soll ich denn jetzt machen?" Sollte ich ihm sagen, er solle der Versuchung widerstehen?
Aber er hatte schon wieder aufgelegt - die Babys weinten.

PLASTIKTASCHEN

In dem kleinen Bergdorf in Kalabrien mit dem Blick auf Messina und den Ätna ist Sonntag. Sonntagnachmittag genau gesagt, und das bedeutet: Stille. Keine Kirchturmglocke, kein Gottesdienst, nicht mal das Fernsehen ist zu hören und auch die Frauen haben ihre Gespräche auf später verschoben. Das Dorf liegt da, wie ausgestorben. Nur in dem Haus am Ende der Gasse ist Bewegung. Die Tür ist weit geöffnet und eine junge Frau schleppt Kisten und Tüten nach draußen, die sie ordentlich an der hohen Mauer gegenüber stapelt. Ziemlich viel ist da zusammengekommen, es sieht nach Hausputz oder Umzug aus. Aber eher nach Umzug.

Sie ist hübsch, aber sie sieht besorgt aus. Blickt immer wieder auf ihre Armbanduhr. Endlich scheint sie mit dem Packen fertig zu sein, sie geht ins Haus. Nach einer Weile kommt sie wieder, angestrengt blickt sie auf die Straße, die ins Tal führt. Aber heute ist Sonntag und kein Einziger schleppt sich den Berg rauf.

Die junge Frau geht wieder ins Haus. Nach einer Weile kommt sie wieder raus, dieses Mal mit ihrem Handy - vor dem Haus ist der Empfang besser. Sie wählt eine Nummer, aber sie scheint keine Antwort zu bekommen. Ihr Gesichtsausdruck wird immer besorgter. Ob irgendwas passiert ist? Ihr Freund wollte sie abholen, sie wollte mit ihm nach Milano ziehen, in seine neue Wohnung und dort wollte sie Arbeit finden.

Um nichts zu verpassen, setzt sie sich auf einen der großen Kartons, lehnt den Rücken an die warme Mauer und starrt ins Tal. Die Sonne scheint, es ist Oktober, aber das Wetter ist noch gut, nur der Wind weht kühl durch die Gasse. Die ungewohnte Stille tut ihr gut. Die Kirchturmglocke läutet vier Mal: vier Uhr. Er wollte um zwei Uhr hier sein. Noch einmal wählt sie seine Nummer auf dem Handy - er antwortet nicht.

In Milano sitzt ein junger Mann an seinem Küchentisch und blickt auf sein Handy, das immer wieder klingelt und einfach keine Ruhe gibt. Warum versteht sie nicht? Warum versteht sie nicht, dass er einfach keine Lust hat, sie abzuholen, seine kleine Wohnung mit ihr zu teilen, an der ziemlich aussichtslosen Jobsuche beteiligt zu sein? Er will seine Freiheit und sein Leben, das er sich mühsam eingerichtet hat, keine

Probleme! Er hätte es ihr sagen können, erklären, aber Frauen verstehen das nicht. Sie wollen Liebe, Treue, Kinder.

Sie hatte ihm gefallen, als er im Sommer im Urlaub in ihrem Dorf war, und eigentlich war er es gewesen, der den Vorschlag gemacht hatte, zusammen zu ziehen. Noch einmal klingelt das Handy. Sechs Uhr, die Sonne würde in einer Stunde untergehen in Kalabrien. Er nimmt seine Jacke, schaltet das Handy aus, öffnet die Tür. Er geht durch die langen Gänge des Wohnblocks und weiter zu seinem Wagen, den er unten geparkt hat. In der Bar an der Ecke bestellt er ein Glas Rotwein und für die nette Frau, die sich neben ihn setzt, auch einen.

Die junge Frau, der die Plastiktüten und die Kartons gehören, hat die Hoffnung aufgegeben. Ihr wird klar, dass er nicht kommt.

Was wird die Familie sagen, wenn sie immer noch im Haus ist - wie bestellt und nicht abgeholt? Sie werden bald zurückkommen von dem Besuch bei den Großeltern und ihre Mutter wird es sich nicht nehmen lassen zu sagen: „Das habe ich dir doch gleich gesagt!" Und der Vater wird daran denken, dass sie arbeitslos ist und der Familie nichts einbringt.

Wut! Enttäuschung! Mehr kann sie nicht empfinden.

Ein großer weißer Kastenwagen kommt den Berg rauf. Sie kennt das Auto. Es ist Remo aus dem Nachbardorf mit seinem Bäckerwagen. Als er sie dastehen sieht, hält er an, kurbelt das Fenster runter. Er sagt nichts, wartet darauf, dass sie ihm erklärt, was passiert ist. Er ist ein ruhiger Typ, nicht sehr gesprächig aber eigentlich ganz nett.

Sie schluckt ihren Stolz herunter, blickt ihm offen und ehrlich in die Augen und erzählt ihm, warum sie hier wartet. Letzte Woche sei seine Aushilfe nach Milano gegangen - sie habe bei ihnen gewohnt - „Ein schönes großes Zimmer" sagt er mit Blick auf die Kartons und Plastiktüten. Er steigt aus, er ist groß, er streckt ihr seine Hand entgegen: „Ich würde dir sogar beim Einpacken helfen" sagt er lachend. Sie zögert nur einen Augenblick. Alles ist besser, als hier zu warten und zu weinen und die baldige Ankunft der Eltern und des kleinen Bruders will sie auch nicht abwarten.

Gemeinsam packen sie ihre Habseligkeiten ein, er hilft ihr beim Einsteigen in den hohen Wagen und, ohne zurück zu blicken, fährt sie einer neuen Zukunft entgegen.

DER SCHAUKELSTUHL

Er wollte gerade sein rosa Lieblingshemd draußen auf die Leine hängen und dann, nach einem anstrengenden Arbeitstag, bei einem Glas Wein den Blick aufs Meer genießen, als er plötzlich abgelenkt wurde von zwei dunkelbraunen Füßen, Größe 37/38. Was dem Kriminalbeamten sofort auffiel war, dass nur die beiden großen Zehen dunkelrot, fast schwarz, lackiert waren. Ah, die Dame aus Deutschland war in das Haus eingezogen, das unter seinem am Hang lag und sonnte sich, bzw. ihre Füße. Aus dem Hemd, das er nass aus der Maschine geholt hatte, tropfte das Wasser auf seine Schuhe. Erst eine Stunde später - er war bei seinem zweiten Glas - wurde der Liegestuhl energisch zurückgeschoben und die beiden Füße mit den rot lackierten großen Zehennägeln verschwanden.

Bevor sie zurück ins Haus ging, hatte sie einen Blick auf den höher gelegenen Balkon geworfen. Sie war neugierig, wer in ihrer Nachbarschaft wohnte. Sie hatte das kleine Haus im Winter gekauft und zu der Jahreszeit schien das Bergdorf in Kalabrien fast menschenleer. Es war inzwischen Mitte Juli, vor ein paar Tagen war sie in das frisch renovierte Haus mit der großen Terrasse gezogen, genoss die Sonne, gewöhnte sich schnell an die Geräusche in der Nachbarschaft und versuchte, das Häuschen gemütlich einzurichten, bevor sich der erste Besuch anmeldete. Natürlich fiel ihr das rosa Hemd auf - rosa - eigentlich etwas ungewöhnlich für Männer in Kalabrien, oder? Das Hemd hing ganz rechts, er saß ganz links - etwas versteckt hinter einer Palme und sie entdeckte ihn nicht. Ihr Handy klingelte und schon war das Hemd vergessen.

Ein paar Tage später war Wochenmarkt, eine supergute Gelegenheit, noch einige Kleinigkeiten für den spartanisch eingerichteten Haushalt zu kaufen. Sie schlenderte von Stand zu Stand und merkte sich die Dinge, die in Frage kämen für den Rückweg. Ziemlich am Ende der langen Dorfstraße blieb sie plötzlich vor einem Schaukelstuhl stehen. Ihr Herz machte einen kleinen Hüpfer - genau das, was sie gesucht hatte! Kein Verkäufer in Sicht. Vorsichtig ging sie zwischen den Möbelstücken und den vielen Stühlen auf das Prachtstück zu. Er sah gut aus, stabil, aus Bambus und er schien nicht nach vom zu kippen, wie die meisten Schaukelstühle das so an sich haben.

Noch immer kein Verkäufer, den sie nach dem Preis fragen konnte. Probesitzen war nicht verboten! Also setzte sie sich zuerst vorsichtig auf den Rand des guten Stückes, dann lehnte sie sich genüsslich zurück und fühlte ihren Rücken an dem harten Bambus. Der Schaukelstuhl wippte ein paar Mal hin und her, pendelte sich dann ein. Ihre Füße blieben da, wo sie sein sollten und ihre frisch lackierten beiden Fußnägel passten eindeutig gut zu der hellen Farbe.

Die Sonne blendete, sie schloss die Augen und öffnete sie erst wieder, als eine fröhliche Stimme fragte: „Na, ist der bequem?"

Der Mann, der vor ihr stand, blickte auf sie herab und lächelte. Er trug ein rosafarbenes Oberhemd - eindeutig war das nicht der Verkäufer.

„Wie gefällt er Ihnen? Er sieht sehr robust und bequem aus." „Und ist hoffentlich nicht zu teuer, das Handeln liegt mir nicht so sehr..." fügte sie hinzu. Sie saß noch immer im Schaukelstuhl und wippte mit den Füßen, er stand immer noch vor ihr in seinem rosa Hemd und blickte immer mal wieder auf ihre Füße.

Der Verkäufer kam und als sie den Preis ausgehandelt hatten, fiel ihr auf einmal ein, dass sie den gerade erstandenen Schaukelstuhl ja auch nach Hause transportieren musste, die lange Dorfstraße entlang, ohne Auto.

Als ob er ihre Gedanken gelesen hätte, sagte der Mann im rosa Oberhemd plötzlich: „Über den Transport machen Sie sich keine Gedanken, ich weiß, wo sie wohnen." „Ich weiß auch, wo *Sie* wohnen!" Beide lachten und fanden das Ganze echt witzig. „Ihre rot lackierten großen Zehennägel…" „Und Ihr rosa Oberhemd!" fiel sie ihm ins Wort.

Nachdem sie bezahlt hatte, nahmen sie Beide jeder eine Armlehne und bahnten sich den gemeinsamen Weg durch die Menge. „Wir müssen im Gleichschritt gehen, dann ist es einfacher."

„Alles klar!"

SIE HAT KEINEN NAMEN

Ihre grünen Augen blicken nach rechts, dann nach links und wieder nach rechts, bevor sie gemächlich über die Straße geht.

Die Straße ist kurvenreich und steil und sie kann sehr gut unterscheiden, ob sich ein Wagen mit Höchstgeschwindigkeit im dritten Gang oder langsamer im zweiten Gang den Berg hoch quält.

Oben, da wo die Straße steil abfällt, stehen die Müllcontainer.

Etwas weiter weg von den Häusern, auf einem kleinen freien Platz, auf dem sich meistens auch noch Sperrmüll stapelt. In diesem Jahr kommen die Müllmänner einigermaßen pünktlich, mindestens alle zwei Tage mit den großen Wagen, um die Container zu leeren. Der Sperrmüll bleibt liegen, bis er einmal im Monat abgeholt wird. Sie ist angekommen. Gerade noch rechtzeitig, der große schwarze Jeep war doch schneller, als sie angenommen hatte.

Ihre schwarzen Haare glänzen in der Sonne, die langen Beine unter dem mageren Körper tasten sich vorwärts - durch die ausgebreitete Pracht. Irgendwo hat man ein Badezimmer renoviert. Eine alte Toilette, ein kaputtes Waschbecken, ein paar Rohre, Regale, eine alte braune Tür und noch ein paar Kleinigkeiten. Sie blickt auf den Sperrmüll und freut sich. Die Müllcontainer sind manchmal halb geschlossen und dann ist es nicht einfach, mit einem einzigen Sprung das Ziel zu erreichen. Aber die alte Toilette und das Waschbecken liegen übereinander, ein gutes Sprungbrett.

Gestern war Freitag. Sie ist ein paar Minuten hinter dem Fischverkäufer und seinem kleinen Wagen hergelaufen, in der Hoffnung, dass er ihr etwas geben würde. Er hatte viel verkauft und sie bei dem vielen Geplapper mit den Hausfrauen nicht beachtet. Aber sie weiß, dass die Frauen heute morgen die Fischabfälle zum Container gebracht haben Das ist immer so. Sonst bringen sie die Fischabfälle sofort weg, aber gestern hatte es stark geregnet. Also war heute eine gute Gelegenheit.

Einer ist geöffnet und mit einem eleganten Sprung landet sie auf dem Rand des Containers. Da ist nicht viel, aber der Duft, der ihr entgegen strömt ist vielversprechend. In einer der großen schwarzen Plastiktüten vermutet sie ein schmackhaftes Mittagsmahl. Ihre langen Vorderfüße stemmen sich gegen die schwarze Plastikverpackung. Mit den Krallen hält sie das Paket, das unter ihr weg zu rutschen droht. Sie nimmt die scharfen Zähne zu Hilfe und versucht, an den Fisch zu kommen, aber vergebens. Das Ganze ist gut verpackt, eine dicke rutschige Plastikhülle, an der ihre Krallen abrutschen und die Zähne keinen Halt finden. Immer wieder versucht sie, das Paket zu zerreißen, der leichte Duft der noch frischen Fischabfälle lässt sie nicht aufgeben. Ihr Magen knurrt, sie hat Hunger. Irgendwann nähert sich ein Wagen. Eine Autotür wird geöffnet. Wie aus weiter Ferne vernimmt sie Stimmen. Eine Ladung Müll landet auf ihr und nur mit letzter Kraft gelingt es ihr, aus dem Müllcontainer zu springen, dicht vorbei an der Frau, die mit einem Schrei weg vom Müllcontainer vor das Auto taumelt.

Und wieder blicken die grünen Augen nach rechts und dann nach links und wieder nach rechts, bevor sie auf ihren langen Beinen die Straße überquert. Ihr Fell glänzt in der Sonne. Aber heute ist sie müde und hungrig und wenn der große schwarze Wagen nicht zufällig gebremst hätte, weil das Handy des Fahrers klingelte, hätte sie diesen Tag nicht überlebt.

Vor mir liegt die Übersetzung, ein Thema, das mir gar nicht so richtig liegt, aber darum geht es ja nicht. Sie soll bis Anfang September fertig sein, um in der neuen Ausgabe *Guida Informativa* zu erscheinen.

Heute ist Freitag und am Dienstag der vergangenen Woche fand La *Festa della Madonna del Carmelo* statt. Nach einem alten Brauchtum findet die Prozession, der viele Pilger, Dorfbewohner und Touristen folgen, mittags statt. In diesem Jahr wurde der Gottesdienst nicht in der Kirche abgehalten, sondern auf einem Platz neben der Kirche. Die Renovierungsarbeiten an der alten Kirche hatten sich verzögert.

Auf der langen Dorfstraße, die sich kurvenreich durch den Ort zieht, waren rechts und links Buden aufgebaut, wie jedes Jahr. Hier verkaufen die Menschen ihre selbst hergestellten Waren: Schafskäse, Süßigkeiten, Möbel - und zum Verdruss der Dorfbevölkerung - seit einiger Zeit auch billige Artikel aus China. Allerdings müssen sich die Chinesen mit Buden am Ende des Dorfes begnügen.

Ich lege meine Übersetzung beiseite und denke über das nach, was abseits von den Feierlichkeiten für die Madonna so alles passiert war. Das Meiste sogar während der Prozession. Auch im nächsten Jahr wird die *Festa della Madonna del Carmelo* stattfinden.

Die Touristen werden gemeinsam mit der Bevölkerung durch die Dorfstraßen ziehen und nicht ahnen, was sich hinter den vielen verschlossenen Türen tut, an denen sie vorbeiziehen. Und die Geschichten von diesem Jahr werden schon Geschichte sein. Keine großartigen Storys, keine Verhaftungen von Mafia-Bossen, nichts Weltbewegendes, nichts Aufregendes, über das man nach dem Urlaub berichten könnte. Und die Madonna wird wieder gütig auf die Gläubigen herabblicken - oder ist sie es, die hinter die Kulissen schaut?

Der Spatz auf meiner Terrasse findet sich nicht mehr zurecht. Ich habe alles etwas umgeändert, wegen der Nachbarin von schräg gegenüber. Sie will immer über drei Häuser hinweg mit mir reden, bzw. schreien, und noch ist mein Italienisch nicht gut genug, um derart laut zu antworten. Ich habe es auf den heftigen Wind geschoben und sie hat das verstanden. Der Spatz war gerade wieder da. Ich habe ihm eine Schaukel gemacht, aus einer vertrockneten Hängepflanze. Nun sitzt er auf dem Blumentopf und lässt sich vom Wind wiegen.

Im Haus auf dem Hügel wohnt Carmelo im zweiten Stock. Er ist weiß Gott nicht heilig. Er ist drei. Seine Eltern sind noch sehr jung und mit dem Kleinen echt überfordert. Sie haben ihm einen kleinen Hund geschenkt. Er hat ihn mir auch schon gezeigt.

Ich goss gerade die Pflanzen an der Haustür, als er mich entdeckte und aufgeregt ins Haus rannte, um mir Cani zu zeigen. Ich dachte zuerst an ein Spielzeug und wartete geduldig vor meiner Haustür. Dann kam er auf den Balkon gerannt, quetschte das kleine, weiße Bündel durch die engen Stäbe. Wie ein weißes, ausgefranstes Herrentaschentuch flatterte das quiekende, von Furcht gepeinigte kleine Hündchen zwischen Himmel und Erde. Carmelo hockte vor dem Balkongitter und hielt das Tierchen an den beiden Vorderpfoten fest - aber wie lange noch?

Ein Hund ist keine Katze. Mein Herz schlug wahrscheinlich ebenso schnell wie das von Cani. Mein Stoßgebet wurde umgehend erhört. Carmelos Mutter kam auf den Balkon, Cani winselte nur noch. Wieder wurde er unter viel Geschimpfe durch die engen Balkongitter gezwängt, dieses Mal zurück in die Sicherheit.

Carmelo bekam eine Tracht Prügel und Carmelo wurde in sein Zimmer geschickt zusammen mit Cani. Ich bin mir ziemlich sicher, dass die beiden gute Freunde werden.

Zu den Vorbereitungen für das Fest der *Madonna del Carmelo* gehören die unüberhörbaren Übungen der Trommler. Da keiner das Getrommel den ganzen Tag zu Hause hören will, ziehen die Trommler mit ihren Musikinstrumenten durchs ganze Dorf und verteilen so die Freude gerecht unter den Bewohnern. Außerdem sorgen sie dafür, dass auch wirklich niemand (nicht mal die Schwerhörigen) vergisst, dass am 16. Juli das große Fest stattfindet.

Das Dorf liegt an einem steilen Hang. Und die Wege runter ins Dorf, bis zur Dorfkirche, sind sehr steil. Die uralten Steine sind im Laufe der Zeit immer glatter geworden und man muss gut aufpassen, dass man nicht auf ihnen ausrutscht. Das gilt natürlich auch für die Trommler und wenn sie aus dem Takt kommen, liegt das einzig und allein an den Steinen.

Noch schwieriger ist es natürlich bergauf. Da haben die Trommler große Probleme. Aber noch schlimmer ist es dann während der Prozession für die Posaunenbläser. Sehr langsam bewegt sich der Posaunenchor vorwärts, immer dicht hinter der Madonna, die von sechs starken Männern getragen wird.

Ja, so ein Bergdorf hat seinen Charme und seine Tücken. Während die Menschen durch die Straßen ziehen, singen, beten und trommeln, trommelt einer der Dorfbewohner mit beiden Fäusten gegen sein Garagentor. Seine Frau hatte ihn gebeten, die Kisten mit den Getränken in eine kühle Ecke der Garage zu stellen. Sie hatte ihr Festkleid angezogen und war schon mal vorausgegangen, um sicher zu sein, einen guten Platz in der Nähe der Madonna zu finden.

Die Garagentür, die er längst hätte reparieren sollen, fiel zu und er war gefangen. Ja, und als die Trommler längst aufgehört hatten zu trommeln, taten ihm die Fäuste weh. Er öffnete die erste Flasche Bier, machte es sich auf zwei Strohballen bequem und dachte an die armen Leute, die bei dieser Hitze die schwere Statue der Madonna den Berg hinauftragen. An die Posaunenbläser, denen die Puste fehlt, an die Trommler, die vor sich her ihre Bäuche und die riesigen Trommeln tragen - und an seine Frau, die ihn sicherlich noch gar nicht vermisst.

In Tropea sind die Temperaturen eindeutig höher, als bei uns im Dorf. Die 700 Meter Höhenunterschied sind deutlich spürbar.

Ich komme aus der Schule, es ist kurz nach eins. Das Telecomando für das elektrische Tor liegt griffbereit auf dem Beifahrersitz, aber das Tor ist bereits weit geöffnet. Sämtliche Stühle und Tische stehen auf dem breiten Weg. Es sieht nach Garten- und Hausputz aus. Drei Männer kommen angelaufen und rücken die Möbel zur Seite. Ich stelle meinen Wagen auf den Parkplatz, der zum Haus gehört.

„Hast du gegessen?" Don Carlo steht in der Tür, ohne seinen Krückstock und kommt auf mich zu gehumpelt. Ich will „Ja" sagen, aber aus meinem Mund kommt ein ehrliches „Nein". Warum kann ich den alten Mann einfach nicht anlügen?

Ich bin müde, das ausgiebige Essen bei diesem Wetter ist nichts für mich.

Er stützt sich auf meine Schulter. Den Trick kenne ich schon. „Hilf mir ins Haus!" „Wo ist dein Stock?" „Habe ich irgendwo im Garten liegen gelassen." Er schiebt mich an den gedeckten Tisch, mein Platz ist neben ihm, punto, basta!

Die Gärtner kommen rein, Ezzo der Altenpfleger bringt die Schüsseln aus der Küche und los gehts. Von drei Seiten wird mir alles auf den Teller gestapelt, was Haus und Garten so bieten. Ezzo grinst, er kennt meinen kritischen Blick, wenn es um Fleisch geht. Und schon kommt Don Carlo mit der freiwilligen Antwort: „Probier mal, ganz frisches Kaninchenfleisch, heute morgen geschlachtet." Er hat vergessen, dass ich kein Kaninchenfleisch esse. Zum Glück merkt er nicht, dass ich es Arturo, der neben mir sitzt, auf seinen Teller schiebe. Der guckt mich dankbar an und flüstert auch noch ein unterwürfiges „Danke!"

Arturo wohnt im Nachbarort. Er ist Alkoholiker - hat Don Carlo gesagt. Aber er arbeitet gut. Hat Don Carlo gesagt. Der Wein fließt, aber nicht der gute aus Sizilien, der steht noch in meinem Haus und den will Don Carlo aufbewahren für später. Wer weiß, wann später ist. Im September wird der alte Herr 95 Jahre alt. Arturo hat die ganze Woche bei Don Carlo gearbeitet und jeden Tag sein gutes Essen bekommen und natürlich seinen Wein. Es geht ihm gut, er ist satt, verdient ein bisschen Geld und freut sich.

Heute ist der große Tag, *La Fest della Madonna*. Ob Arturo ungläubig ist oder vergesslich - wer weiß das schon. Jedenfalls steht er morgens sehr früh am Tor und will arbeiten. Don Carlo hat schlecht geschlafen und hat schlechte Laune und sowieso ist alles heute brutto e cattivo.

Er brüllt ihn an, er solle nach Hause gehen. Heute sei Feiertag. Keine Arbeit, kein Essen. Sehr christlich finde ich, gerade heute am Tag der heiligen Madonna! Arturo fügt sich, trottet den langen Weg zurück nach Hause. Er tut mir leid.

Am nächsten Tag steht Don Carlo Kopf. „Weißt du was? Weißt du was? Dieser Trottel von Arturo ist nicht zur Arbeit gekommen, dieser verdammte Alkoholiker liegt besoffen im Bett."

Er starrt mich an und wartet auf meine Antwort. „Naja, eigentlich ist das ja deine Schuld. Du hast ihn gestern nach Hause geschickt, den langen Weg zurück in sein Dorf, bei dieser Hitze, ohne was im Magen. Du weißt ja, wie das ist, wenn man auf nüchternen Magen billigen Wein trinkt."

Sein böser Blick gilt jetzt mir: „Ist das etwa deutsche Logik?"

Dann nimmt er seine Hand, knochig, dunkel braun, der Nagel am kleinen Finger ist immer etwas länger als die anderen. Vorsichtig legt er sie auf meine. „Jaja, ich weiß, das ist menschliche Logik." Der Frieden zwischen uns ist wiederhergestellt.

WIE MAN HEUTZUTAGE VOM TOD ERFÄHRT

Ich kann mich noch vage an die „Totenfrauen" erinnern. Sie gingen, schwarz gekleidet, meistens waren es Zwei, von Haus zu Haus und überbrachten die traurige Nachricht, wenn jemand im Dorf gestorben war. Am Oberarm trugen sie eine schwarze Binde, als Zeichen der Trauer. Später, als es Telefone gab, wurde an entfernt wohnende Verwandtschaft ein Telegramm geschickt. Meine Oma, die während der Kriegszeit die Post verwaltete, musste dann bei Wind und Wetter und bei Schnee und Regen mit dem Rad zu den entlegenen Höfen fahren. Das war kein Vergnügen, denn ein Telegramm bedeutete fast immer Tod. Ein Sohn war im Krieg gefallen, ein Vater oder ein Ehemann, oder eben alles zusammen.

Sie war die Erste, die in die entsetzten Gesichter blicken musste, sie war diejenige, die verzweifelte Frauen weinen sah und Kinder tröstete, die nicht begriffen, was geschah. Diese Zeit der Telegramme dauerte an. Später gab es Glückwunschtelegramme zur Hochzeit, zum Geburtstag und wenn Reisende verspätet mit dem Zug ankamen. Es gab Telegramme, in denen Verträge bestätigt wurden und allmählich wurde das Telegramm durch das Fax ersetzt. Manch eifriger Geschäftsmann hatte ein Fax-gerät in seinem Schlafzimmer, um ja nicht zu verpassen, wenn eine lang erwartete Nachricht ausgespuckt wurde.

Heute hat der PC uns im Griff, während wir der irrigen Ansicht sind, dass wir ihn im Griff haben. Er steht da, neben den kleinen Telefonen, die in all den Jahren immer kleiner geworden sind und ihre großen Vorfahren seit langem abgelöst haben.

Am letzten Dienstag, bevor ich zur Schule fuhr, drückte ich schnell noch auf die kleine Taste *Messages*, dann sollte mein Handy in der Handtasche verschwinden. Ich warf einen Blick auf das Display und erschrak. Eine Nachricht aus Kenia: „Heute morgen ist mein Sohn gestorben."

Kein schlechter Scherz, leider die bittere Wahrheit. Der Kleine war erst sieben Jahre alt. Ich stand da, wie vom Donner gerührt. Sollte ich mich setzen, zurückrufen, zur Schule fahren, so tun, als hätte ich nichts gesehen und nichts gehört? Mein Herz klopfte, in meinem Kopf schwirrten die kleinen Watte-Nebel-Wolken, die ich bei solchen Gelegenheiten hasse wie die Pest, weil sie keinen klaren Gedanken zulassen. Autofahren? Ich rief an, dass ich mich etwas verspäten würde. In Italien kein Problem.

Dann rief ich kurz in Kenia an, die Nachricht wurde bestätigt. Dann sah ich ein, dass nur die Routine helfen würde. Ich tat so, als wäre nichts geschehen, setzte mich ans Steuer und während der langsamen Fahrt ins Tal setzte mein normaler Denkprozess wieder ein.

Die Nachricht war nicht per Telegramm gekommen. Die Nächste kam ein paar Tage später per E-mail. Wieder eine Nachricht vom Tod.

"Meine Cousine schrieb: „Schrecklich, Norbert lag heute morgen tot in seinem Bett." Seit ein paar Tagen bin ich ein bisschen allergisch und zögere, wenn ich Handy und PC öffne. Verständlich, oder?

Ich blicke auf die vielen Fotos, die in meiner Küche hängen, ich denke an die vielen Menschen in meinem Leben, die nicht mehr sind oder jedenfalls nicht hier auf dieser Erde.

Auf welche Art und Weise wir davon erfahren, dass der Tod zu Besuch war und jemanden überzeugt hat, mit ihm zu gehen, ist egal. Ein Schock ist es immer. Er macht uns hilflos, lähmt Glieder und Gedanken und lässt uns für einige Zeit klar erkennen, dass wir absolut unfähig sind, so weiter zu machen wie bisher.

Heute morgen lagen sie beide auf dem Schreibtisch, meine beiden kleinen Telefone, eins schwarz und das andere blau. Und der PC stand da, und das Tablet. Erst mal eine Tasse Kaffe, dann alles andere.

Die Kirchenglocken begannen zu läuten, erst normal wie immer, dann ein sich langsam wiederholender tiefer Glockenschlag, der bedeutet, dass jemand gestorben ist. Dong dong dong.

Auch hier in Italien gab es irgendwann Trauerfrauen oder besser Klagefrauen, deren Aufgabe jetzt die Kirchenglocken übernommen haben.

Wir können ihm nicht entgehen, dem Tod, wir können aber versuchen, ihn zu dem zu machen, was er nun einmal ist. Ein Teil des Lebens. Eine Aussage, die theoretisch logisch klingt aber im wahren Leben so viel mehr bedeutet. Er ist nicht schrecklich, oft bedeutet er eine Erlösung. Aber wenn er kommt, ohne sich anzumelden, haben wir keine Zeit, uns auf ihn vorzubereiten und das ist der Schock, der uns den Atem nimmt.

Trauerfrauen oder SMS oder E-mails oder Anzeigen in der Zeitung. Die Zeiten haben sich geändert. Einer E-mail kann man nicht um den Hals fallen und sich trösten lassen. Man kann sie auch nicht einfach löschen, weil das nichts an der Sache ändern würde. Gehen wir also ganz einfach mit der Zeit und akzeptieren die intime Nachricht des Todes, wer immer sie auch überbringt.

Wenn in Kalabrien jemand stirbt, findet die Bestattung nach Möglichkeit gleich am nächsten Tag statt. Donna Maria, eine alte Dame, die ich einmal heimlich von hinten fotografiert hatte, weil ich nicht wagte, sie anzusprechen und sie um Erlaubnis zu bitten, war von uns gegangen.

Als sie noch lebte, trug sie immer schwarz - viele Röcke übereinander, schwarze Wollstrümpfe und schwarze grobe Schuhe. Keiner hatte sie jemals anders gesehen. Sie lebte in einem kleinen Haus, das zwei Ausgänge hat. Der eine Ausgang führt durch eine enge Gasse zum Dorfplatz, der andere Ausgang liegt direkt an der hohen Mauer des Grundstücks von Don Carlo. Und das macht uns zu Nachbarn. An dieser Mauer hatte sie im letzten Sommer oft gesessen und gemeinsam mit Don Carlo den Rosenkranz gebetet, ohne dass dieser auch nur ahnte, wer sein Radio mit ihm teilte.

Sie mochten sich nicht und sprachen nicht zusammen und so verlor Don Carlo auch kein Wort über ihren Tod. Ich wurde um Mitternacht von Schritten vor meinem Fenster geweckt. Stimmen, Autotüren - Geräusche, die ich nicht einordnen konnte. Also stand ich auf und spähte vorsichtig aus dem Fenster. Männer kamen und gingen und schleppten allerlei Gerümpel zu dem wartenden Wagen, der etwas oberhalb geparkt war. Eisenstangen klapperten, Bretter wurden verladen, das ganze dauerte eine Weile und ich ging wieder ins Bett.

Die Sachen hatten alle verstreut mehr oder weniger vor Donna Marias Haustür gestanden und gelegen. Wieso wurde plötzlich aufgeräumt? Und warum in der Nacht? Endlich fuhr der Wagen los, es wurde leise.

Ich lag im Bett und machte mir so meine italienischen Gedanken, als wieder ein Wagen vorfuhr. Ich war wach und meine angeborene italienische Wissbegierde trieb mich aus dem Bett.

Wieder spähte ich vorsichtig durchs Fenster, konnte aber nicht viel erkennen. Ich hörte nur die verhaltenen Männerstimmen, die immer wieder sagten: „Vorsicht! Nicht so schnell. Die Gasse ist zu eng." Und dann war es wieder still, aber der große, dunkelgraue, lange Wagen stand vor meinem Haus und ich wusste nicht, was das zu bedeuten hatte.

Erst eine halbe Stunde später konnte ich erahnen was geschah. Donna Maria war gestorben, den Sperrmüll hatte man weggeschafft, um an die Haustür zu kommen und die Männer hatten den Sarg für die Tote gebracht. Und das alles weit nach Mitternacht. Am nächsten Tag war dann die Beisetzung. Von Beerdigung kann man nicht sprechen.

In unserem Dorf gibt es einen Friedhof, der aussieht wie ein großes Mietshaus. Jeder Tote bekommt seine eigene Wohnung, entweder mit Blick aufs Dorf oder mit Blick aufs Meer. Im vorigen Jahr wurden viele neue Wohnungen gebaut, manche liegen direkt an der neuen Umgehungsstraße. Also ist wieder Platz genug für alle Leute die vorhaben, diese Welt zu verlassen - so, wie Donna Maria.

Heute ist Sonntag, die Kirchenglocke ruft seit sieben Uhr. Aber vor acht tut sich meistens nichts, weil der Gemüsemann nicht mehr so früh kommt. Er hat verstanden, dass die Leute nicht so früh geweckt werden wollen. Ihm hat man es gesagt - aber dem Priester sagt man natürlich nicht, dass man am Sonntag ausschlafen will. Also habe ich meine Blumen vor dem Haus gegossen und als ich gerade fertig war, glaubte ich meinen Augen nicht trauen zu können.

Da ging eine Frau, ganz in Schwarz gekleidet, sehr langsam und bedächtig, mit gesenktem Kopf, durch die Nachbargasse. Ich stand da, wie vom Donner gerührt. War Donna Maria etwa von den Toten auferstanden? Die Kirchenglocken, der helle Sonnenschein, die Hitze, vielleicht sollte ich doch mehr trinken…Plötzlich drehte sich die Frau zu mir um, so als hätte sie meine Blicke gespürt.

Sie war die Tochter von Donna Maria.

KINDER

Fragt man in Deutschland Kinder nach ihren Lieblingsgerichten, so bekommt man meistens eine ziemlich eindeutige Antwort. Pommes Frites, Pizza, Spaghetti mit Tomatensauce, Hot Dog und Hamburger stehen da auf der Liste.

Bei italienischen Kindern ist das etwas anders. Stellt man ihnen die Frage nach dem Lieblingsgericht, so stellen sie garantiert die Gegenfrage: „Antipasto, Primo Piatto oder Secondo? Meinst du Fisch oder Fleisch?" Mir ist das neulich passiert und ich habe ziemlich verwirrt auf die drei Kinder geblickt, die von mir eine präzise Antwort erwarteten, wo ich doch nur ein bisschen Small Talk machen wollte.

Im Restaurant wird es dann noch förmlicher.

Wehe, man möchte nur einen Salat essen oder sonst eine Kleinigkeit.

„Also diesen Salat, den Sie möchten, soll ich ihn als Antipasto, als Primo oder Secondo servieren?"   ·

Isst man allein, ist das kein Problem, isst man in Begleitung, muss man abwägen, ob man die anderen beim Antipasto oder beim Primo oder beim Secondo begleiten möchte. Peinlich wird es, wenn man dann den Salat verzehrt hat und ein anderer Keller übernimmt den Service - und auch dieser blickt einen verständnislos an, wenn man sagt, dass man nichts weiter möchte. „Aber hat es Ihnen denn nicht geschmeckt?"

Irgendwie kommt man sich vor, wie ein Verräter und beim nächsten Mal macht man es garantiert genauso wie alle anderen - und wenn man ehrlich ist, hat man ja auch ein bisschen neidisch auf die Teller der anderen geschielt, oder?

Neulich kam Ada zu mir, meine Nachbarin, die sonst in Rom lebt. Sie hat hier die Schule besucht und ein Klassentreffen war angesagt. Ein bisschen aufgeregt war sie schon, sie hatte ihre Klassenkameraden seit 20 Jahren nicht gesehen.

Am nächsten Tag stand sie wieder vor meiner Tür, etwas blass und müde, sie war spät ins Bett gegangen. „Und wie war es?" „Ach, weißt du, das Essen war überhaupt nicht gut." Und dann kam eine genaue Beschreibung der verschiedenen Gänge, der

Weinsorten und der Nachtisch war echt schrecklich, viel zu süß! Der Käse dagegen war sehr gut.

Zuerst dachte ich, sie wollte nicht über ihre Klassenkameraden reden, aber nein, das Essen war ein wichtiger Teil des Ganzen gewesen und alles andere trat bescheiden in den Hintergrund.

SCHRECKLICHER SONNTAG

Am Samstag hatten Mario und ich ein Kapitel in seinem Englischbuch gemacht, das von einem richtigen Pechtag handelte. Dem Jungen in dem Buch passierten alle möglichen Dinge und am Ende des Tages war er genervt und froh, dass dieser Tag vorüber war.

Am Sonntag wachte ich auf und fand das Leben schön.

Sechs Uhr. Die Sonne war gerade aufgegangen, über den Dächern hing noch der Morgennebel, es war ruhig und kein Laut war zu hören. Ich machte meinen Cappuccino, öffnete die Türen und Fenster und fühlte mich pudelwohl in meiner Haut. Friede.

Irgendwann später hörte ich, wie Ada die Hunde rausließ. Nebenan fing Lino an mit seinem lauten Morgengebet und die Nachbarin auf der anderen Seite telefonierte mit ihrer Tochter.

Friede.

Als ich meinen zweiten Cappuccino machte, ging der Mann mit dem kleinen Hund vorbei. Und etwas später die Frau, die erst vor ein paar Tagen angekommen war, mit ihrem Taschenhündchen.

Ich hatte ja schon gesagt, dass die Dorfhunde die Hunde aus dem Norden nicht mochten. Und so geschah es, dass Ezzo und Bella, meine direkten Nachbarn, die ich jeden Tag bürste und denen ich immer frisches Wasser hinstelle, nicht damit einverstanden waren, dass diese fremden Hunde über mein bisschen Hofplatz wollten. Bella hielt sich zurück, aber Ezzo war fest entschlossen, sein und mein Revier zu verteidigen und griff an.

Als ich endlich eingreifen konnte, war es zu spät. Die Frau mit dem Minirock, den hohen Absätzen und der eleganten Frisur hatte ihr Hündchen auf den Arm genommen, trat, auf den Stöckelschuhen schwankend, nach Ezzo, verlor fast das Gleichgewicht und schimpfte in „gutem" Italienisch, was das Zeug hielt. Hätte ich richtig zu gehört, hätte ich eine Menge gelernt.

Das elektrische Tor meiner Nachbarn öffnete sich, Mario kam angerannt, aber auch ihm gelang es nicht, Ezzo zu beruhigen oder festzuhalten. Dann erschien die ganze Familie, der Onkel aus Milano mit Frau und Tochter, Ada, noch nicht ganz wach. Aus dem Nachbarhaus kamen die Verwandten der Frau, die noch immer ihren Liebling an sich drückte. Ihm war das Kläffen vergangen, aber er konnte auch nicht mehr atmen, weil sein Frauchen ihn so fest an ihren Busen drückte.

Die Kirchenglocken läuteten wie immer aber sie waren fast nicht zu hören. Alle redeten auf einmal, alle getrennt voneinander, nicht gemeinsam. Es war Italienisch in mehreren Stimmlagen, mehreren Dialekten und mehreren Oktaven. Um Hund Ezzo kümmerte sich keiner mehr. Er stand neben mir und verstand kein Wort. Wir wechselten einen kurzen Blick und ich hatte große Mühe, nicht zu lachen.

Irgendwann verlief sich das Ganze. Wie ein Schluck verschüttete Milch wurde das Thema weggewischt und jeder ging in sein Zuhause.

So dachte ich, aber so war das nicht. Jeder ging in sein Haus und dort wurde alles noch einmal aufgewärmt. Ich konnte es hören, von allen Seiten. Ernste Folgen hatte das Ganze auch für Mario. Seinem Onkel, der gerade mit seiner ruhigen Frau und der noch ruhigeren Tochter Urlaub machten, wurde das alles zu viel.

Die beiden Frauen waren im Hintergrund geblieben und hatten alles aus sicherer Entfernung beobachtet. Er schimpfte über die Hunde, die schlecht erzogen waren und nicht gehorchten, wenn sie gerufen wurden und was noch viel schlimmer war, auch Mario war schlecht erzogen und den Hunden kein gutes Beispiel, weil er zu viel mit ihnen tobte und spielte.

Erziehung spielt in Italien eine große Rolle. Eltern wollen nur das Beste für ihre Kinder. Sie bringen große Opfer, um ihnen eine gute Schulbildung zu ermöglichen, geben alles, und setzen ihre ganze Energie ein, damit aus ihnen etwas wird. Wenn man also sagt, ein Kind sei schlecht erzogen, greift man damit die Eltern direkt an, weniger das Kind selbst.

Ada warf ihrem Bruder einen Blick zu, den ich zu übersehen versuchte, er bedeutete nichts Gutes. Mario brach in Tränen aus und das Drama nahm seinen Lauf.

Die schlechte Stimmung dauerte an. Don Carlo kam zu mir, setzte sich erschöpft auf den Sessel, der immer für ihn bereitsteht und sagte: „Weißt du was? Einmischen tu ich mich da nicht, das ist mir zu anstrengend. Früher waren diese Leute aus Milano arm. Sie wohnten hier im Dorf, hatten weder Essen noch Kleidung und meine Frau hat sie alle immer unterstützt und hat viel für die Kinder getan. Jetzt laufen sie hier herum, als gehörten sie nicht mehr hier her. Miniröcke, halb nackt, Stöckelschuhe, arrogant und unfreundlich. Sie haben alles vergessen."

Die Tür, die ich vorsichtshalber geschlossen hatte, ging auf. Mario stürzte herein. „Ich will mit denen allen nichts mehr zu tun haben, ich bleibe bei dir!!"
Wo war mein Friede?

Am Montag um fünf Uhr nachmittags fuhren Ada, der leicht verletzte Taschenhund, der Mann der Frau und die Hundemama alle gemeinsam nach Tropea zum Tierarzt. Unterwegs ging das Auto kaputt, der Onkel wurde angerufen um zu helfen und so geschah es, dass in der Tierarztpraxis um sieben Uhr abends vier Erwachsene. und ein kleiner Hund vor der Praxis standen. Eigentlich wollte der Tierarzt, der einen kurzen erfahrenen Blick auf das Tierchen warf, Feierabend machen, aber er änderte seine Meinung. Er wusste, dass es länger gedauert hätte, die Leute wegzuschicken, als die Behandlung durchzuführen.

Also nahm er kurzentschlossen eine Schere, schnitt dem Taschenhund, der vor Schreck nur noch piepste, die Schwanzhaare ab und sprühte eine ekelhaft stinkende lilafarbene Flüssigkeit auf die winzigen Löcher, die Ezzo in den Minischwanz gebissen hatte. Ada zahlte die Rechnung, der Tierarzt verabschiedete sich - er hatte es jetzt wirklich eilig. Die vier Erwachsenen und der Hund eilten zurück zum Parkplatz. In der Eile hatten sie vorher vergessen, ein Ticket zu lösen, aber alles ging gut.

Sie zwängten sich ins Auto, der Onkel am Steuer, Hundemama und kranker Hund vorn, Ada hinten neben dem schwitzenden Ehemann, dem jetzt endlich der Kragen platzte: „Und das alles für einen kleinen schlecht erzogenen Scheißhund, der ewig rumbellt und kläfft und uns das Leben zur Hölle macht!"

Und wieder ging es um Erziehung. Ada lehnte sich entspannt zurück, dieses Mal ging es nicht um ihren Sohn. Nur fand sie, dass die Rechnung des Tierarztes extrem hoch war. Morgen ist Donnerstag und Ezzo wird kastriert. Aber das ist eine andere Geschichte.

Als ich in Spanien war, habe ich ein paar Mal Hunde aus dem Tierheim auf meinem Ticket mitgenommen, die dann in Hamburg abgeholt und weitervermittelt wurden. Alles ein großer Aufwand und sehr teuer, aber die Deutschen sind nun mal netter zu Tieren als die Südländer. Jedenfalls meistens.

Es gibt auch hier in Italien viele Hunde, denen es unter den Bedingungen unter denen sie leben, nicht gut geht. Im Gegensatz zu den Kindern, die vergöttert und verwöhnt werden.

Neulich brachte ich den Müll weg und ich wünsche mir noch heute, dass ich nicht in den Container gesehen hätte. In einer halboffenen Plastiktüte lagen kleine Hundewelpen, tot, weggeworfen. Immer wieder passiert es, dass Hunde einfach ausgesetzt werden. Autotür auf, Hund raus, Gas geben und weg. Ich habe es selbst erlebt. Das alles hat dazu beigetragen, dass Ezzo endlich kastriert wird, nicht mehr blutend zerbissen und zerschunden mitten in der Nacht jaulend nach Hause kommt und vor allen Dingen: keine unerwünschten Hundebabys mehr machen kann.

Das Problem war Mario, nicht Ada. Mario ist 13 und ihm zu erklären, was da geschehen würde, war nicht einfach. Zum Glück ist Camillas Freundin Tierärztin. Sie würde den Eingriff vornehmen und sie fand sie richtigen Worte. Ada sagte nur: „Schon wieder eine Tierarztrechnung!" Aber das überhörte ich geflissentlich.

Ezzo ist heute eingesperrt, damit er auch morgen bestimmt griffbereit ist.

Sorry Ezzo!

DIE TAUBEN VON FEDERICA

Es ist anzunehmen, dass die Tauben, die sich jeden Morgen und sogar mittags zwischen ein und vier Uhr auf Federicas Balkondach tummeln und gurren, genau wissen, dass Federica sie nicht unbedingt hören möchte.

Sie wohnt unten im Dorf, ihr Haus hat einen wunderschönen Meerblick, aber dafür hat sie keine Zeit, wenn sie mit dem langen Besen, um den ein dickes Tuch gewickelt ist, auf den Balkon tritt. Sie klopft und schlägt unter das Plastikdach, bis auch die letzte lachende Taube gurrend von dannen fliegt. Dann setzen sie sich aufs Nachbardach oder ein wenig weiter weg, je nach Federicas Laune. Wenn Federica die Tauben vertreibt, hört die ganze Nachbarschaft zu. In ihrer Stimme ist Wut, Frust - und wenn man genau hinhört, auch ein wenig Trauer und Resignation. Vielleicht wäre man mit anderen Mitteln weitergekommen, aber das hätte ihr nicht geholfen. Frust muss raus. Sie ist eine interessante, kluge Frau aber das Leben hat sie an einen Ort verbannt, an dem sie sich nicht entfalten kann.

Als Stationsschwester in einem Krankenhaus oder als Chefsekretärin bei einem flirtbereiten Capo einer großen Firma, wäre sie auf ihre Kosten gekommen. Aber sie hatte nicht aufgegeben. Sie hatte sich genommen, was sie vom Leben erwartete.

Ihr Mann wurde ein paar Jahre nach der Hochzeit krank. „Unheilbar" meinte der Hausarzt. Und dieses unheilbar veranlasste die Familie, keine weiteren Versuche zu unternehmen um die Krankheit zu heilen oder den Zustand des Kranken zu verbessern. Stattdessen wurde ein großer Fernsehapparat angeschafft, der mit einer gut funktionierenden Fernbedienung ausgestattet war. Das war praktisch für Federica, denn so konnte sie ihre Arbeit in dem Gemüsegarten verrichten, der ein bisschen weiter am Hang lag.

Jeden Morgen, bevor es richtig heiß wurde, ging sie dorthin um zu arbeiten. Und mittags kam sie zurück, um das Wasser für die Pasta aufzusetzen.

Der neue junge Arzt, dem sie irgendwann einen Besuch in der Praxis des alten Arztes gemacht hatte, zwecks Hormonbehandlung, die aber nie stattfand, machte manchmal einen Gegenbesuch im alten baufälligen Steinhaus, das zu Federicas Grundstück gehörte. Sie fand ihn interessant, er sprach gut Italienisch und hatte gute

Manieren. Er kam aus dem Norden, war ihr gegenüber aufmerksam und sprach mit ihr über Dinge, die in einer Welt geschahen, zu der sie sonst keinen Zugang hatte.

Sie hätte gern mit irgend jemandem über ihre Zuneigung gesprochen, aber das war nicht möglich. Sie war eine verheiratete Frau und vor allen Dingen durfte der junge Arzt seinen guten Ruf nicht verlieren.

Also spielte Federica ihre Opferrolle weiter, als Frau eines kranken Mannes, der viel Pflege brauchte, obwohl eigentlich jeder das Glück hätte sehen können, das aus ihren Augen strahlte. Ihre Mutter hätte sie eine Hure genannt und die Nachbarn noch schlimmeres. Also ging Federica mit gesenktem Blick durchs Dorf. Niemand sollte sehen, dass sie gar nicht so unglücklich war, wie es schien.

Das Treffen in dem kleinen Steinhaus war meistens sehr kurz. Der junge Arzt hatte nicht viel Zeit, seine Patienten warteten. Also verloren die beiden nicht viel Zeit. Alles ging mehr oder weniger schnell aber leidenschaftlich vonstatten. Es gab kein Bett, aber einen alten wackligen Küchentisch und ein paar Holzstühle. Und während der Tisch unter den Beiden wackelte, gurrten die Tauben auf dem Dach und hätten, wenn nötig, jeden unwillkommenen Störenfried rechtzeitig angekündigt.

Das heftige Wackeln des Tisches und das kehlige Gurren der Tauben vermischten sich für Federica zu einer Musik, schöner als jedes klassische Konzert. Als der junge Arzt versetzt wurde, brach für Federica die Welt in tausend Stücke. Sie blieb zurück mit tausend Erinnerungen und mit dem Gurren der Tauben auf dem Dach.

Das Gurren der Tauben kann für empfängliche Gemüter mit ausreichender Fantasie äußerst erotisch klingen. Diese Vögel sind beliebt. Es gibt da viele Geschichten von Brieftauben mit „Brieflein im Schnabel", von der Friedenstaube, von weißen Tauben, die bei weißen Hochzeiten fliegen und viele andere. Auch in Märchen spielen die Tauben oft eine Rolle, indem sie Nachrichten weitertragen oder Gutes für die Menschen bedeuten.

Und 1972 in München zur Eröffnung der Olympiade, die ein grausames Ende nahm, stiegen 5.000 Friedenstauben in die Luft. Als die Terroristen die Sportler aus Israel angriffen und die Geiseln anschließend töteten, waren die Tauben längst nicht mehr zu sehen.

Aber diese Vögel sind auch verhasst, nämlich dann, wenn sie in Scharen auftreten und so tun als seien sie ein Reserveschwarm in Alfred Hitchcocks Film *Die Vögel*.

Ich nehme mal stark an, dass sie in der Vogelwelt sowieso eine besondere Rolle einnehmen, weil sie den Menschen näher sind und deren Gepflogenheiten kennen.

FURBO

Furbo ist eines der Wörter, die ich schnell verstand und nicht vergesse. Auf italienisch hat das die Bedeutung von klug und gerissen. So wie vielleicht wenn von dem klugen Fuchs die Rede ist. *Furbo* ist im täglichen Sprachgebrauch verankert, kurz und bündig beschreibt es die Person, die sich nicht übers Ohr hauen lässt, aber andere gern mal übers Ohr haut.

Heute liegt der Don im Bett. Mit 95 hat er ja das Recht, auch mal krank zu sein, und man weiß ja nie, ob nicht doch die gewisse Stunde geschlagen hat. In der Küche haben sie sich versammelt - alle, die sich Sorgen machen. Mich haben sie auch gerufen und nun sitze ich auf der rechten Seite des großen Ehebettes, weil er mir leise und geheimnisvoll etwas erzählen will. Natürlich muss ich hoch und heilig versprechen, mit niemandem darüber zu reden, mit niemandem!

Das tue ich auch nicht, aber ich schreibe es mal auf.

Also schon im vorigen Jahr sprachen wir über die Eternitdächer, die man noch auf vielen Häusern im Dorf findet. Manche sind in der Terracotta-Deckfarbe von Dachpfannen gestrichen, aber Eternit bleibt nun mal Eternit.

Die erwachsenen Kinder vom Don leben und arbeiten alle im Norden und kennen die EU-Gesetze, also auch die dringende Notwendigkeit, das Eternitdach von einem der Nebengebäude entfernen zu lassen.

Nach vielen und langen Beratungen wird Renzo damit beauftragt, das gefährliche Zeug zu entfernen und das Dach neu zu decken. Wohin damit? Die Frage stellt keiner und auf die Antwort wartet auch niemand. Entsorgung im Preis eingeschlossen.

Aber vorher muss ein Kostenvoranschlag auf den Tisch. Das gehört sich so. Und dann noch einer von einem Schwarzarbeiter aus dem Nachbarort. Nur mal so zum Vergleich. Das gehört sich so. Von dem zweiten Kostenvoranschlag allerdings wissen die Kinder nichts, das war die heimliche Idee des alten Herrn. Also bekommt die Firma von Renzo den Auftrag. Das Eternit wird vorsichtig entfernt, fachgerecht, entsorgt - hoffentlich fachgerecht. Und wir sind alle froh, als die LKW-Ladungen mit dem neuen Material auf den Hof fahren.

Der Don sitzt in seinem Auto auf dem Beifahrersitz und lässt sich immer genau an die Stelle fahren, an der am meisten los ist. Nach dem Motto: Vertrauen ist gut, Kontrolle ist besser. Das Hämmern und der Lärm stören ihn nicht. Ganz im Gegenteil.

Da das lange Wochenende vor der Tür steht und außerdem Regen angesagt wird, beeilen sich die Arbeiter, um rechtzeitig fertig zu werden.

Irgendwann winkt der Don mit seinem Arm und dem handgeschnitzten Krückstock durch das geöffnete Wagenfenster, bis Renzo endlich auf ihn aufmerksam wird und sich eher langsam dem alten Fiat und dem alten Herrn nähert. Renzo ist zufrieden mit der Arbeit seiner Leute und hat wenig Lust auf gute Ratschläge oder Kritik.

„Also!" beginnt der Don eine längere Rede: „Ich habe mir überlegt, dass wir das letzte Stück des Daches, was eigentlich erst im nächsten Jahr gemacht werden sollte, sofort mitmachen könnten."

Renzo ist überrascht von der Logik des alten Herrn und blickt ihn bewundernd an.

„Ja, daran habe ich auch schon gedacht, denn jetzt sind die Arbeiter hier und auch der Transport für die Geräte etc. fiele weg. Wenn Sie möchten, mache ich Ihnen einen zweiten Kostenvoranschlag für den Teil des Daches auf der anderen Seite." Der Don winkt ab, Renzo nennt ihm die Summe von 2.000 Euro. Handschlag, Einverständnis beiderseits. Der Don lächelt zufrieden, greift in die rechte Jackentasche und vergewissert sich, dass der Kostenvoranschlag der „Konkurrenz" griffbereit ist. Renzo geht zurück zu seinen Leuten und teilt ihnen mit, dass sie auch in der nächsten Woche hier arbeiten werden.

Ein paar Tage später ist der Job getan, der Don ist zufrieden. Das neue Dach glänzt in der Sonne, kein Regen in Sicht. Seine Kinder sind wieder im Norden und haben zugesichert, die Rechnung fristgerecht zu bezahlen. Von der Summe für die weiteren Dacharbeiten haben sie keine Ahnung.

Also wird das Geld - termingerecht laut Kostenvoranschlag - auf Renzos Konto überwiesen. So weit, so gut. Aber wo bleiben die 2.000 Euro, die noch ausstehen? Renzo ruft beim Don an, der ist angeblich nicht a casa. Auch in den nächsten Tagen stellt er sich stumm. Findet Ausreden, redet davon, dass die Zeiten, als es noch Lire gab, viel besser waren. Und die Rente ist jetzt auch nicht mehr das, was sie mal war. Jedenfalls lässt sich Renzo auf das Ende des Monats vertrösten, vergisst aber zu fragen, welches Monats. Ja, und so geschieht es, dass die Firma Ende des nächsten und des übernächsten Monats noch immer auf die ausstehende Summe verzichten muss.

Endlich ist Ferienzeit und die erwachsenen Kinder sind wieder im Haus. Alle bewundern das neue Dach und freuen sich, dass das Eternit nicht mehr gefährlich werden kann. Irgendwie kommt dann auch die Geschichte von der unbezahlten Rechnung an Renzo auf den Tisch, die in Euro bezahlt werden sollte, nicht in Lire. Mittlerweile sind mehr als fünf Monate vergangen. Renzo ist sauer, gibt das aber nicht zu. Die Kinder weigern sich dem Vater gegenüber, die Rechnung zu bezahlen, weil der Teil des Daches nicht eingeplant war und auch sie mit jedem Cent rechnen müssen. Das muss er selber erledigen.

So, heute also liegt der alte Herr im Bett. Blutdruck etwas erhöht, leidend! Was genau ihm wehtut sagt er nicht. Irgendwo in der Herzgegend. Er will den Eindruck vermitteln, dass seine Zeit gekommen sei - und er auf keinen(!), auf gar keinen Fall(!) in der Lage ist, mit seinem ältesten Sohn zur Bank zu fahren, um das Geld für Renzo abzuheben.

In der Küche wird heiß diskutiert. Soll man den Arzt rufen oder nicht.

Ich sitze da auf der rechten Seite des alten Ehebettes, die Hand mit den dürren braunen Fingern in meiner und denke so im Stillen, dass das Wort *Furbo* bei einer Übersetzung genau das richtige wäre. „Weißt du" sagt er, der Kostenvoranschlag von dem Schwarzarbeiter war genau zweitausend Euro niedriger, aber die Kinder wollten das nicht. Angeblich sei das Schwarzarbeit, und die wäre verboten. Aber irgendwie musste ich doch die Differenz wieder reinkriegen! Oder etwa nicht?"

In dem Moment kommt sein Sohn kurz ins Zimmer. „Vater, wie geht es dir? Sollen wir den Arzt rufen?" Der Alte schließt die Augen, murmelt: „Nein, nein." Ich will aufstehen, aber er hält mich zurück. „Kein Wort! Zu niemandem! Aber du kannst Renzo sagen, dass er sein Geld bekommt, am Ende des Monats."

Auf meine Frage, welches Monats gibt er keine Antwort. Oder habe ich die Frage gar nicht gestellt?

MINDESTLOHN

Es ist früh am Morgen, mein Telecomando für das große elektrische Tor am Nachbarhaus hängt immer einsatzbereit neben meiner Haustür. Es passiert ziemlich oft, dass ich einspringen muss. Heute steht Arturo vor dem Tor. Er hat ein paar Mal geklingelt, aber wahrscheinlich ist drüben das Radio an und Ezzo und der Don haben nichts gehört.

Also mache ich das Tor auf und Arturo geht den langen Gartenweg runter zum Haus. Die Beete rechts und links sind unkrautfrei, das hat er in der letzten Woche gemacht. Jeden Tag, von morgens früh bis nachmittags. Natürlich unterbrochen von einer langen Mittagspause wegen der Hitze und einem guten Mittagessen. Arturo kommt aus dem Nachbarort. Er geht den Weg zu Fuß. Manchmal wird er mitgenommen von Leuten, die ihn kennen. Am Abend nach der Arbeit ist der Weg lang.

Neulich war am Fernsehen eine Sendung über das Thema Mindestlohn.

Es ging um Geringverdiener und um den Mindeststundenlohn von acht bis zehn Euro. Wie immer bei diesen Sendungen kamen Vor- und Nachteile zur Sprache. Und wie immer bei diesen Sendungen kam es zu keiner Lösung.

Als ich an diesem Morgen das Tor für Arturo öffnete, kam mir der Gedanke, diesbezüglich mal Don Carlo nach seiner Meinung zu fragen. Er ist 94 Jahre alt, aber was die Finanzen betrifft, topfit im Kopf. Also mache ich am Nachmittag einen kleinen Besuch bei ihm und bringe das Thema auf den Tisch. Arturo arbeitet noch, aber nur halbherzig, der Wein zum Essen hat ihn müde gemacht.

Ich hasse es, Kalabrien mit Deutschland zu vergleichen, die meisten Vergleiche hinken. Ich erzähle ihm von dieser Diskussion über den Mindestlohn und schon, als ich das Wort Mindestlohn erwähne, blickt er mich an, als ob ich leicht verrückt sei. „Gestern habe ich Arturo 20 Euro gegeben, weil er gut gearbeitet hat, heute Mittag hat er mal wieder zu viel getrunken, also ist er müde, das heißt, heute bekommt er weniger." Ich versuche es trotzdem: „Aber der Garten sieht gut aus - letzte Woche hat er gut gearbeitet - bekommt er keinen Stundenlohn?" Ich habe schon verstanden, dass ich beim Don auf Unverständnis stoße.

Hier sind viele Menschen arbeitslos und arbeiten für das, was man ihnen gibt. Sie sind dankbar, wenn sie eine Gelegenheit finden und ergreifen sie, ohne viele Fragen zu stellen. Und wenn der Eine keine Zeit haben sollte, freut sich der Zweite oder der Dritte über die 20 Euro und ein Mittagessen. Genauso ist es bei der Dame, die zum Putzen kommt und schon fast zur Familie gehört. Sie putzt und kocht und macht die Wäsche wann immer Don Carlo sie braucht. Nicht regelmäßig, kein Stundenlohn, keine Versicherung - sie ist ganz einfach vorsichtig, wenn sie auf die lange Leiter steigt, um die hohen Fenster zu putzen. Und so funktioniert das auch. Und wie!

Wir sitzen noch eine Weile an dem Tisch auf dem das heiße Thema liegt und schweigen. Es hat eben alles zwei Seiten. Und früher war es in Deutschland ja nicht anders. „Eine Hand wäscht die andere" hieß es, wenn sich die Leute gegenseitig halfen, das Haus zu streichen, die Ernte einzubringen, die Nachbarin zu pflegen, den Rasen zu mähen, die Kinder zu hüten etc. Heutzutage nennt man das Schwarzarbeit und nimmt vielen, die gern helfen möchten, die Möglichkeit und den Mut, dieses zu tun. Ja, und was ist nun richtig?

LE COQ EST MORT?

Das Geschrei und Geschimpfe von Don Carlo und Ezzo klingt heute schon sehr früh durch die Gasse. Wahrscheinlich haben die Beiden nicht gut geschlafen. Ezzo teilt das große Zimmer mit dem alten Mann, weil der nachts nicht allein sein will. Allerdings bekommt das Ezzo nicht gut, weil er ständig gestört wird. Mal will der Don trinken, mal essen, dann zur Toilette und schließlich, wenn die beiden endlich eingeschlafen sind, weckt sie das beiderseitige Schnarchen. Also, die Stimmung ist nicht gut und darunter hat die gesamte Nachbarschaft zu leiden.

Eigentlich bin ich auf dem Weg zur Schule, aber ich nehme mir ein paar Minuten Zeit, um die beiden aufzumuntern - denke ich. Don Carlo sitzt auf seinem alten wackligen Holzstuhl vor der Haustür. Seine Füße in den alten Filzpantoffeln stehen in einem kleinen dunkelroten See, in dem sich hunderte von Ameisen zu schaffen machen. Es riecht nach Blut. In der gelben Plastikschüssel neben ihm liegt das geköpfte Huhn. „Und warum die ganze Schreierei?" fragte ich. Beide reden auf mich ein, versuchen sich zu verteidigen, und wieder werden die Stimmen laut. Der Geruch dreht mir den Magen um.

Ezzo schlachtet die Hühner auf eine andere Art als der Don es früher getan hat und da es seine Hühner sind, hat er das Recht zu entscheiden, wie die Hühner geschlachtet werden. Ezzo rollt mit den Augen, der Don fuchtelt mit den Armen, der übrig gebliebene Hahn kräht um sein Leben und ich stehe da, und merke nicht, dass sich das Rinnsal langsam auf meine Sandalen zubewegt.

Für einen Moment schließe ich die Augen und denke an Afrika. Auch dort gibt es Hühner und Hähne. Wenn ich da bin, gehe ich mit den Hühnern ins Bett und stehe mit dem zweiten Krähen des Hahnes auf. Eine Welle von Heimweh schwappt über mich. Ich finde es schön, von dem Krähen der Hähne geweckt zu werden. Mir wird immer schlechter, irgendwas stimmt nicht. Ich versuche zu sprechen, die Sonne blendet, es ist heiß, die beiden Männer reden weiter, ohne Punkt und ohne Komma. Der Hahn kräht laut und mahnend. Ich reiße mich zusammen, mache ein paar Schritte nach rechts weg von dem Blut. Don Carlo will mir ein Bein von der Henne schenken, auch gekocht, wenn ich es nicht roh will, und versteht nicht, dass ich mich nicht darüber freue.

Ezzo lacht. Der Don macht ein langes Gesicht. Der Frieden ist wiederhergestellt. Jetzt kann ich mich verabschieden und ihnen einen guten Tag wünschen und guten Appetit und dem Hahn ein langes Leben, aber erst gehe ich nach Hause und wasche meine Sandalen und mit einem guten Schluck aus der Flasche mit der Zahnspülung gelingt es mir, den schlechten Geschmack im Mund loszuwerden.

Irgendwie bin ich beruhigt, es war ja nicht der Hahn, es war nur eine Henne. Morgen früh wird er wieder krähen.

PANCIONE

Vor mir sitzt Ezzo auf einem Stein vor dem elektrischen Tor. Aus seinem großen Zeh am rechten Fuß läuft unaufhaltsam Blut. Sein Schrei war so, dass ich alles andere vergaß und zu ihm lief. Er ist blass, kalter Schweiß steht auf seiner Stirn und das Blut läuft. Für einen Moment überlege ich, welche Blutgruppe er haben mag, aber das ist jetzt nicht wichtig. Mir fällt ein, dass ich ein Päckchen blutstillende Watte in meiner Kosmetiktasche für Kenia habe und renne zurück ins Haus.

Ich will noch sagen „Bleib ruhig sitzen!" aber auch das ist gerade nicht notwendig- Ezzo ist einer Ohnmacht nahe. Die blutstillende Watte ist die Rettung. Schon nach kürzester Zeit hört das Bluten auf. Ich bin erleichtert. Ezzo nicht! „Hast du meinen Schuh gesehen, den neuen, schönen, blauen von Kim - da steht Blut drin!" In der Zwischenzeit verbinde ich seinen Fuß. Auf der Straße versammeln sich die Ameisen, fressen sich satt an dem roten Blut, dessen Blutgruppe ich nicht kenne. Überall Blut, auf seinen Füßen, auf meinen Füßen…Die große Gartenschere war runtergefallen und mit der Spitze auf dem großen Zeh gelandet. Ich hole noch ein Glas Cola - Cola macht munter, besser als Wein in diesem Zustand, oder? „Du musst Pancione anrufen, der ist mit Don Carlo unterwegs, er muss diese Nacht hier schlafen, ich kann mich nicht um den Don kümmern."

Okay. Nach der ausführlichen Beschreibung wo ich das Telefonbuch finde, mit vielen Unterbrechungen und Stöhnen, lasse ich ihn allein auf dem Stein, in der Hoffnung, dass es ihm bald besser geht.

Ich weiß, wo das Telefon steht. In der Küche weiß ich Bescheid. Das Telefonbuch soll in der zweiten Schublade liegen. Da liegt es auch - hellblau, tausend Eselsohren, herausgerissene Seiten, kleine handgeschriebene Zettel. Ich suche das P für Pancione, auf der P-Seite stehen drei Namen, aber kein Pancione. Ich versuche es noch mal auf den anderen Seiten, da, das Gekritzel könnte Pancione heißen oder auch nicht.

Mit dem Telefonbuch in der Hand gehe ich zurück zu Ezzo. Der sitzt noch immer bewegungslos auf dem Stein und starrt abwechselnd auf seinen hoch gelagerten Fuß und auf den blauen Schuh, in dem gruppenloses Blut trocknet oder gerinnt. „Warum bringst du das Telefonbuch? Hier ist kein Empfang, du musst Pancione von der Küche aus anrufen." „Ich finde keinen Pancione im Telefonbuch!" Ezzo starrt mich ungläubig an. Dann geht ein breites Grinsen über sein schmerzverzerrtes Gesicht:

„Weißt du was? Pancione heißt dicker Bauch und der passt in kein Telefonbuch. Guck mal unter Guiseppe nach, vielleicht steht da was."

SOLANGE DIE ZIGARETTE BRENNT

In diesem Sommer werden wir täglich und, wenn wir wollen, stündlich mit dem Problem Flüchtlinge konfrontiert. Thema Nummer eins auf allen Kanälen.

Wir sind im Jahr 2015, genau 70 Jahre nach Ende des Zweiten Weltkrieges. Ein Krieg, der die Welt erschüttert, aber nicht zerstört hat. Vieles hat sich geändert, Vieles wurde verändert, von den Menschen, die zu einer neuen Generation gehören und Viele machen Vieles besser.

Die Technik hat sich weiterentwickelt, so schnell, dass es Manchem zu schnell geht. Aber es ist nicht die Technik, die uns Angst macht. Jedenfalls nicht mir.

Mir macht Angst, dass sich das menschliche Gehirn bei Einigen oder besser bei Vielen nicht in eine bestimmte positive Richtung entwickelt. Die Saat, die Großeltern und Eltern in der Nazizeit gesät haben, ist wieder aufgegangen. Es scheint wie ein Unkraut, gegen das man nur bedingt Vernichtungsmittel einsetzen kann, weil es keine wirksamen Mittel gibt. Das menschliche Gehirn scheint immun zu sein. Gestern war so ein Tag. Am Fernsehen lief ein Bericht über den Nürnberger Prozess und wenig später in den Nachrichten ein anderer Bericht über angezündete Asylanten-heime. In beiden Fällen ging es um Nazis, vor 70 Jahren ebenso wie jetzt im Jahr 2015.

Es gibt viele Menschen in Deutschland, die an Demonstrationen teilnehmen - die die scheinbar kleinen, aber effektiven Gruppen der Nazis verurteilen und versuchen, gegen sie anzugehen. Unkraut, Ratten, Bakterien-Nazis…schwer zu bekämpfen. Sie scheinen eine gewisse Immunstärke zu besitzen. Sie vermehren sich auch unter schwierigen oder ungünstigen Bedingungen. Und werden wahrscheinlich auch noch den gefürchteten Atomkrieg überleben.

Mein Nachbar hier in Kalabrien ist ein kranker Mann. Ich höre seine Stimme, weil wir Wand an Wand leben, aber ich sehe ihn nicht oft. Heute Morgen machte er eine Ausnahme und kam auf den Balkon und so hatten wir Gelegenheit, ein paar Worte zu wechseln. Er fragte nach meinem Besuch, der vor ein paar Tagen wieder abgereist ist. Zwei Jugendliche aus Hamburg, deren Eltern vor mehr als 20 Jahren aus Eritrea nach Deutschland kamen. Die Beiden haben sich hier in Kalabrien sehr wohl gefühlt und wurden überall sehr freundlich und höflich behandelt. Er freute sich, dass es ihnen hier so gut gefallen hatte und dann redeten wir wieder über alles andere, was uns hier so beschäftigt.

Von meiner Terrasse aus kann ich Sizilien sehen und die Straße von Messina und bei klarem Wetter den Ätna. Und mit etwas Fantasie blicke ich auch noch weiter in den Süden, bis dahin, wo fast täglich Boote mit Flüchtlingen ankommen. Es ist schwer, sich nicht mit diesem Thema zu befassen und es wäre falsch! Und es ist schwer zu begreifen, dass in diesem Jahr 2015 noch immer keine handfesten Lösungen für dieses Problem gefunden worden sind. Schade, dass dieses Problem nicht technisch gelöst werden kann, oder könnte es?

Ich verabschiede mich von meinem Nachbarn, dem das Stehen schwerfällt, aber da kommt ein anderer Herr, den mein Nachbar lange nicht gesehen hat und die beiden beginnen ein Gespräch.

Erst mal übers Wetter, dann über die Familien und dann über das Thema Flüchtlinge. Ja, man kommt eben an diesem Thema nicht vorbei, besonders nicht in Italien-. Ich versuche der Unterhaltung zu folgen, alles auf Dialekt. Der Mann, der unten auf der Straße steht, hat seinen Kopf in den Nacken gelegt, um meinen Nachbarn, der oben auf dem Balkon steht, besser sehen zu können. Eigentlich hatte er es ja sehr eilig, aber es wäre unhöflich, die Unterhaltung so schnell zu beenden, also zündet er sich eine Zigarette an und macht es sich auf meinen Treppenstufen bequem.

Der Mann arbeitet in Rosarno, ein Ort, der nur einen Katzensprung entfernt ist und wo viele Flüchtlinge bei der Orangenernte eingesetzt werden. Er erzählt von den Männern, die er beaufsichtigt, wie von Kameraden, die Schlimmes durchgemacht haben, denen das Schicksal einen üblen Streich gespielt hat. Es klingt so wie „arme Schweine", aber nicht abfällig, sondern eher mitleidig.

Mein Nachbar kann nicht mehr stehen und verabschiedet sich. „Saluti alla famiglia!" Er humpelt zurück zu seinem großen TV-Gerät, das ihn besser informiert als jeder Nachbar.

Der Mann, der in Rosarno arbeitet, wird morgen wieder eine Gruppe Männer beaufsichtigen, die eine sehr ungewisse Zukunft haben. Auch eine Orangenernte dauert nicht ewig. Er drückt seine Zigarette achtlos auf den Treppenstufen aus und eilt weiter.

Mir bleibt nur ein leichter Duft von der Marlboro - und während der Länge einer Zigarette fiel mir nicht ein, ob irgendwo in Italien schon mal ein Asylantenheim abgefackelt wurde oder nicht.

EDVINO

Die bei den Touristen beliebte kleine Stadt im Süden von Kalabrien lebt eigentlich nur im Sommer. Auf den breiten Bürgersteigen stellen die Geschäftsleute ihre Ware aus. Spezialitäten des Landes, von denen es viele gibt. Die Restaurants kämpfen um jedes Stückchen Platz, um möglichst viele der kleinen Tische aufstellen zu können, an denen man essen und trinken kann. Ob man dann letztendlich auf der Straße sitzt mit seinem Stuhl, ist nicht so wichtig. Die Autofahrer kennen das.

Parkplätze sind knapp, aber die Polizisten drücken ein Auge zu, wenn man den Verkehr nicht allzu lange behindert. Das Hupen gehört zur täglichen Musik wie die Kirchenglocken und die Mopedfahrer genießen dieses Gedränge um ihren Slalom zu üben. Die Türen der Geschäfte sind weit geöffnet und die Schlangen vor dem Bankautomaten lang.

Vom Himmel scheint Frau Sonne, die hier männlich ist. Bei dieser Kraft und Ausdauer nicht verwunderlich, während ihr Kollege von der Nachtschicht weibliche Züge hat. Ja, so ist das Leben in der Stiefelspitze, kein bisschen anders, als in anderen Städten, oder doch?

Zur Abendzeit kommen die Touristen rosig oder rot oder schon braungebrannt vom Strand. Leicht gekleidet schlendern sie Hand in Hand als Paar oder in größeren Gruppen durch die Straßen, meist nebeneinander, so dass keiner mehr an ihnen vorbeikann.

Kopfsteinpflaster und Pfennigabsätze vertragen sich nicht so gut, aber Frau übt sich im Gehen und Mann versucht, das Gleichgewicht zu halten. Alles gut soweit. Ganz sicherlich findet man im Lieblingsrestaurant noch einen Platz, einen guten Wein und eine Pizza oder Pasta.

Und dann kommt Edvino. Seine breite, füllige Gestalt schiebt sich durch die Menge. Manchmal benutzt er vorsichtig seine stämmigen Arme und seine Ellenbogen, um vorwärts zu kommen. Seine Augen sind versteckt hinter dicken Brillengläsern, die immer etwas beschlagen sind, weil Edvino schwitzt. Im Gegensatz zu den Touristen trägt er keine leichte Kleidung, sondern einen hellen, etwas zerknitterten Anzug, eine nicht korrekt gebundene Krawatte und dunkelbraune, feste

Schuhe, die er heute morgen geputzt hat. Seine Bewegungen sind unbeholfen und linkisch, sein Blick gleitet mühsam von Tisch zu Tisch.

Die Bedienung des Restaurants kennt ihn. In Italien ist man tolerant Behinderten gegenüber, auch alte Leute werden liebevoll umsorgt und Kinder maßlos verwöhnt. Mit Tieren, besonders mit Hunden, ist das ganz anders.

Unbeholfen bahnt er sich seinen Weg an den Tischen vorbei im ersten Restaurant, aber er geht weiter, weil schon alle Plätze besetzt sind. Es dauert eine Weile, bis er am nächsten ankommt, die Menge schiebt und schubst ihn mit sich. Er blickt in die Gesichter der Touristen, immer wieder neue Gesichter. Er kennt keines von ihnen, aber er kennt sie alle.

Er biegt rechts ab, er hört Musik, er liebt Musik. Er will Musik hören. Da ist ein freier Stuhl - an einem besetzten Tisch. Er schiebt vorsichtig eine Frau zur Seite, die sich schieben lässt und setzt sich erleichtert auf den freien Stuhl. Umständlich holt er sein großes Stofftaschentuch aus der Jackentasche, nimmt die Brille ab und wischt sich den Schweiß von der Stirn. Ohne Brille kann er nicht sehen. Also verpasst er den entsetzten Blick der jungen Frau, die sich verliebt an ihren Partner klammert.

Sie wollte doch einen romantischen Abend mit ihm verbringen. Wie wird man den Störenfried jetzt los?

Die Musik gefällt Edvino. Eigentlich ist er müde vom vielen Laufen und der Hitze, aber hier ist es schön. Er lächelt dem Paar freundlich zu, er redet nicht mit ihnen. Er weiß, dass die meisten Menschen nicht verstehen, was er sagt. Seine beiden Tischnachbarn haben Wein bestellt und jeder eine Pizza Frutti di Mare. Edvino trinkt keinen Wein und Frutti di Mare mag er auch nicht.

Der junge Kellner, der das Pärchen bedient, blickt von einem zum anderen und dann zu Edvino. Er kennt ihn. „Ciao Edvino, come stai? Komm mit mir, essen wir ein Eis zusammen, dort drinnen." Edvino blickt ihn an, vergisst die Musik und erhebt sich schwerfällig. Eis klingt gut. Der junge, schlanke Kellner geht voraus, Edvino folgt ihm langsam. Im Vorbeigehen stößt er aus Versehen an zwei Tische, auf denen daraufhin die Gläser bedenklich wackeln. In einer Ecke hinter der Tür ist noch ein Tischchen frei. „Setz dich Edvino, welche Sorte möchtest du? Ich komme gleich!" Seinem Kollegen erklärt er: „Das ist Edvino, er wohnt in meiner Nachbarschaft. Ich habe gleich frei, dann nehme ich ihn nachher mit nach Hause." Edvino löffelt sein Eis. Schokolade und Nuss mit ganz viel Sahne. Er genießt es. Langsam, er hat gute Tischmanieren. Dann verlassen die Beiden gemeinsam das Restaurant, gefolgt von den Blicken des jungen Paares, das noch immer an dem Tisch sitzt, schweigend.

Morgen werden sie wieder da sein, Der junge Kellner im Restaurant, Edvino irgendwo in der Menschenmenge, die nur im Sommer durch die engen Straßen der kleinen Stadt bummelt. Edvino wird sich wieder an irgendeinen Tisch setzen, nur für ein paar Minuten, und das Gefühl haben: Ich gehöre dazu.

UNERWÜNSCHT UND DOCH GEDULDET

In Kalabrien gibt es unglaublich viele kleinere oder größere Geschäfte. Die vielen kleinen oder größeren Ortschaften haben Lebensmittelläden, in denen alles Mögliche verkauft wird. Läden für Klamotten oder Kleidung, für die man etwas mehr bezahlen muss, Obst- und Gemüseläden nicht zu vergessen. Außerdem gibt es allerhand Ramsch und Souvenirs für Touristen.

In den Seitenstraßen entdeckt man Schlüsseldienste, Schuster, Buchhandlungen, Fachgeschäfte für Gewürze und vieles mehr. Meistens findet ein Mal pro Woche ein Markt statt. Und auf den vielen Tischen der Stände, die ordentlich aufgereiht am Straßenrand aufgebaut werden, breiten die Händler aus, was sie anzubieten haben. Die Auswahl ist riesig, das Angebot groß, die Rufe der Verkäufer sind nicht zu überhören. Und da fragt man sich doch, wieso es da auch noch die Chinesen gibt. Ja, es gibt sie eben. In jeder etwas größeren Ortschaft haben sie Läden eröffnet.

In Vibo ist ein großes Einkaufscenter, Rolltreppen, blitzblanke Fußböden, moderne Textilwarengeschäfte, Elektrofachhandel, Vodafone, Timm (ein italienisches Mobilfunknetz), alles für die Kommunikation, Schmuck, Schuhe, Boutiquen, eine neben der anderen, und eine riesige Abteilung für Lebensmittel.

Etwas abseits auf einer anderen Ebene sind zwei große Glastüren weit geöffnet. Das Geschäft ist neu. Ich bin neugierig. Schon wieder ein Chinese! Wie ist das nur möglich? Die wachsen aus dem Boden wie Pilze. Keiner will sie, angeblich kauft keiner beim Chinesen, keiner hat je beim Chinesen gekauft. Das Etikett Made in China wird nach dem Kauf sofort entfernt.

Ich betrete den Laden und bin mehr als überrascht. Dies ist kein kleines Geschäft, sondern eine Riesenfläche, ausgestattet mit ordentlich aufgereihten Artikeln jeglicher Art. Textilien für die weibliche Bevölkerung, alle Farben, alle Größen, Kleider, Blusen, T-Shirts, Hosen etc. für alle Gelegenheiten, Beerdigungen und Hochzeiten eingeschlossen. Die Herren- und Kinderabteilung ist nicht anders. Ich gehe weiter in die Haushaltsabteilung. Überwältigend! Die Putztücher, die ich gestern für drei Euro gekauft habe, hängen hier vom selben Hersteller ordentlich an verschiedenen Haken, für einen Euro. Kinderspielzeug, alles für den Strand, Gardinen und Teppiche, Glühbirnen, TV-Kabel, Schrauben, Nägel, dicke Hefte für die Schule, Zirkel, Mal- und Zeichenbedarf. Die Preise sind eindeutig niedriger. Hinter mir wartet ein Vater mit seinen beiden Kindern, Malstifte brauchen sie und neue Kladden. Der Mann schickt seine Tochter zum Eingang, um einen Einkaufskorb zu holen. Er wird hier einkaufen für die Kinder. Die Preise sind einfach unwiderstehlich. Zwischen den endlos aufgereihten Kleiderständern und den Regalen hocken junge Chinesinnen und ordnen die Sachen ein. Sie reden unter sich, eine summt vor sich hin. Ich kaufe ein paar Briefumschläge und die Putztücher, von denen man ja nie genug hat. An der Kasse stehen drei junge Frauen. Ich blicke mich prüfend um. Von Männern ist hier nichts zu sehen.

Drei Kassen, reibungslos wird abgerechnet. Ich stelle mich in die Schlange der jungen Frau, die mir am besten gefällt. Keine von ihnen lächelt, Keine verzieht auch nur eine Miene. Die Stimme aus der Rechenmaschine gibt den Preis an, auf Chinesisch, der Preis wird kontrolliert, die Ware wandert in die Tüte, die nichts kostet.

Ein kurzer Blick von der jungen Kassiererin. Sie nennt mir die Summe auf Italienisch. Auf der Einkaufstüte, in die sie meine Sachen packt, steht groß und grün bio. Als ich mich freundlich bedanke, legt sie schnell noch ein kleines Werbegeschenk in die Tüte. Ich freu mich über ihr Lächeln.

Das Land des Lächelns! Das sie verlassen haben, um in einer fremden Welt Geld zu verdienen, ein neues Leben aufzubauen. Für das Volk in China, für eine Politik, die von der westlichen Welt verurteilt wird. Keiner will sie, keiner versteht ihre Sprache. Jeden Morgen öffnen sie die Türen ihrer Läden in denen angeblich keiner kauft, breiten ihre Waren aus, die alle als minderwertig abtun, leben in einem Land in dem sie täglich fühlen, dass sie nicht willkommen sind. Unerwünscht. Aber geduldet.

Ich erinnere mich an die neun Chinesen, die ich in Hamburg unterrichtete. Sie hatten ein Stipendium vom Senat erhalten und sollten Deutsch lernen. Das war 1980 bis 1981. Sie saßen im Unterricht mit hochgeschlossenen Uniformen und undurchdringlichen Mienen. Sie wohnten im Studentenheim in meiner Nähe und nach ein paar Wochen bekamen Drei von ihnen die Erlaubnis, bei mir und den Kindern Tee zu trinken. Die Unterhaltung war fast unmöglich, sie sprachen kein Englisch nur etwas Russisch. Aber wie das so ist, wir verständigten uns. Es gibt viele Anekdoten aus dieser Zeit, über die wir lachten, bis ich mich näher über die

Geschichte dieses Volkes informierte und Dinge erfuhr, die mir eisige Schauer über den Rücken laufen ließen. In der jetzigen Zeit ist das alles bekannt, damals wurden die meisten Gräueltaten vertuscht und geheimgehalten.

Besonders die Frauen litten unter den verschiedenen Regierungen und unter der Tatsache, dass sie keineswegs gleichberechtigt waren.

Wir haben viel gelernt über die chinesische Medizin, über die Eigenschaften und Tugenden der Menschen, darüber, dass die meisten von ihnen mehr als eine Gehirnwäsche über sich ergehen lassen mussten. Das Überleben war wichtig, man musste sich anpassen, lächeln. Das Volk ist nicht verwöhnt, sondern gewohnt, Entbehrungen zu ertragen. Wie sieht die Zukunft in China aus?

Ich setzte mich ins Auto und beobachte eine Weile das rege Kommen und Gehen der Kunden, die den riesigen Laden betreten und mit Tüten und Beuteln verlassen. Auf denen bio steht. Ich bin mir sicher, dass sich die Chinesen nicht integrieren, keiner ist daran interessiert. Sie werden Außenseiter bleiben und irgendwann zurückkehren in ihre Heimat, ohne dass irgendein italienischer Freund am Flughafen beim Abschied Tränen vergießt.

ZUM SCHMUNZELN

Der Direktor der Grundschule des kleinen Bergdorfes im Süden von Kalabrien saß hinter seinem großen Schreibtisch und schmunzelte.

Vor ein paar Minuten war die neue junge Lehrerin eingetreten, die die dritte Klasse unterrichtete. Auf seine Frage, ob sie sich eingelebt habe und ob sie mit der Klasse gut zurechtkäme, hatte sie geantwortet, alles sei in bester Ordnung, sie fühle sich wohl und die Kinder seien alle sehr nett. Aber eine Frage habe sie noch - ob der Herr Direktor ihr das bitte vielleicht erklären könne…Der Herr Direktor nahm die dicke Brille von der Nase und lehnte sich noch ein bisschen weiter in seinem Stuhl zurück. „Also…" begann die neue junge Lehrerin der dritten Klasse „da ist eine Sache, die ich nicht verstehe." Laura S. und Alessia L. gleichen sich wie Zwillinge, sind aber keine Geschwister und sind auch in einem Abstand von zwei Monaten geboren. Können also keine Zwillinge sein. Sie leben in verschiedenen Familien."

Der Direktor unterbrach die junge Lehrerin nicht und wartete geduldig auf ihre nächsten Worte. Laura wohne im unteren Teil des Dorfes bei der Kirche und Alessia am Dorfrand. Die Familien seien nicht verwandt, habe ihr ihre Nachbarin erklärt. Auch sie habe ihr die Frage nicht beantworten können, habe aber geheimnisvoll gelächelt.

„Also, das war so…" Der Direktor war der Ansicht, dass man der jungen Frau reinen Wein einschenken sollte, sie hatte immerhin täglich mit den Kindern zu tun. „Das ist jetzt alles ein paar Jahre her. Unser alter Hausarzt Flavio, der das ganze Dorf betreute, war im Urlaub. Sein Sohn, den er damals besuchte, lebte zu der Zeit in Griechenland. Flavio war ein guter Arzt und alle waren ziemlich besorgt, wenn er mal länger abwesend war. Besonders enttäuscht waren zwei junge Patientinnen, denen er eine Hormonbehandlung versprochen hatte, weil sie schon sehr lange darauf warteten, schwanger zu werden. Also, Flavio flog nach Athen, ein junger Arzt übernahm die Praxis - und auch die beiden jungen Patientinnen - denen er aber von einer Hormonbehandlung abriet. Und Wunder über Wunder: innerhalb kürzester Zeit waren sie beide schwanger. Erst die eine, dann die andere."

Der Direktor setzte seine Brille wieder auf die Nase, setzte sich in seinem Sessel zurecht, während seines Berichts war er etwas nach vorne gerutscht. Er legte ein Bein über das andere und blickte die junge Lehrerin erwartungsvoll an. Ob sie ihm auch folgen könne? Sie hatte leicht mit dem Kopf genickt und war im Begriff aufzustehen. Ja, sie habe das alles verstanden - ihr Gesicht war leicht gerötet. „Und der junge Arzt war blond und hatte blaue Augen?" „Ja, genau!" „Alessia und Laura haben auch blaue Augen und blonde Haare…." „Richtig!"

Der Direktor stand auf. Er kam um den Schreibtisch herum, reichte seiner jungen Kollegin die Hand. „Viel Spaß mit der Klasse - sind alles nette Kinder."

FREITAG DER 13.

Und auch noch Vollmond. Es ist Juni und heiß in Kalabrien. Von draußen klingt das Hämmern und Sägen durch meine geöffneten Fenster und zwischendurch die lauten Stimmen der Arbeiter, die in diesen Tagen bei Don Carlo ein neues Dach auf ein Nebengebäude bauen. In Kalabrien gibt es immer noch sehr viel Eternit, aber Don Carlo kann sich zum Glück ein neues Dach leisten.

Ich packe Teller und Bestecke zusammen, um den Gebrauch von Plastiktellern zu vermeiden, lege alles in eine große Waschschüssel, hole Stühle und Tischdecken und gehe durch das große elektrische Tor zu meinem Lieblingsnachbarn. Im September wird der Don 95 aber sein Wille ist ungebrochen. Er versucht immer noch mitzumischen und bringt regelmäßig und mit großer Ausdauer die Pläne seiner Kinder durcheinander. Ada läuft hektisch in der Küche herum, wie das übrig gebliebene Huhn draußen im Garten, das versucht, dem Hahn klar zu machen, dass sein Harem nur noch aus einer Henne besteht. Die beiden anderen liegen kopflos in einer großen Schüssel. Ada blickt mich verzweifelt an.

Die Küche sieht aus wie ein Schlachtfeld. In dem Männerhaushalt, in den sie alle paar Wochen versucht Ordnung zu bringen, ist nichts an seinem Platz und sowieso ist kein Eckchen frei, um Gemüse zu schneiden oder die beiden Hühner bratfertig zu machen. 14 Leute heute, Besuch für den Namenstag ihres Vaters, von den Arbeitern heißen auch drei wie der Don, Giancarlo, also lohnt sich die Feier.

Ich weiß nicht wie, aber irgendwie haben wir es geschafft. Der lange Tisch ist gedeckt, das Essen steht pünktlich auf dem Tisch, jedenfalls der erste Gang. Es gibt drei Gänge, dann Nachtisch und Obst und Käse und den Espresso, der nie fehlen darf. Und natürlich reichlich Wein. Den hat Nevio aus Sizilien mitgebracht. Die Stimmung ist gut und wird immer besser, Don Carlo schimpft zwischendurch ein paar Mal, weil ich nicht wie sonst neben ihm sitze. Ich habe mich heute gedrückt, weil er mir immer zu viel auf meinen Teller packt. Aber irgendwann zwischen dem zweiten und dem dritten Gang singt er für mich sein Lieblingslied: Angelina.

Gast Nummer 13 ist Lucia, die etwas später mit ihrem Sohn Maceo kommt. Die beiden verkaufen selbst gemachten Schmuck auf dem Markt. Lucia hat lange, nicht ganz echte, strohblonde, dicke Haare, dunkle, aufmerksame Augen, eine schlanke

Figur und eine Stimme wie eine Reibe für alten Parmesankäse. Sie isst hastig und hungrig und sagt erstmal nicht viel. Auch Maceo beugt seinen dunklen Lockenkopf über die Teller und verschlingt die Pasta, als hätte er seit Tagen nicht gegessen. Ich sitze ihm schräg gegenüber, aber es dauert ein paar Minuten, bis sich unsere Blicke treffen. Er hat große blaue Augen, ist 17 Jahre alt und sieht aus, als hätte er keine Zeit für Kindsein oder Pubertätszicken gehabt.

Lucia trinkt Wein, reichlich, bleibt aber nüchtern, im Gegensatz zu den Männern, die immer munterer werden. Renzo hat dolce mitgebracht. Kleine appetitliche Kuchen, die er auf einer großen Platte herumreicht. Zu Hause ist er der Pascha, hier steht er hilfreich zur Verfügung.

Irgendwann sagt Ada zu Lucia: „Hast du Lust, dein Zahlenspiel zu machen?" Lucia ist pappsatt, lehnt sich auf ihrem ungemütlichen Stuhl zurück und lacht. Keiner, außer Anna, weiß, wie dieses Zahlenspiel geht. Die Männer denken an irgendwelche Rechenkünste, auf die sie nach dem Wein keine Lust haben, aber keiner sagt was.

Im Mittelalter wurden Hexen verbrannt, hauptsächlich, weil die klugen Frauen den katholischen Priestern ins Gehege kamen und zu viel weltlichen Einfluss auf die Frauen der Bevölkerung ausübten. Ich bin mir ziemlich sicher, dass die durchdringenden dunklen Augen von Lucia der Reinkarnation irgendeiner weisen Hexe gleichen.

Der Tisch wird notdürftig abgedeckt und die gestapelten Teller verschwinden in der Küche. Donato, der Sohn von Renzo, ist der Erste. Lucia fragt ihn nach seinem Geburtsdatum, malt ein paar Zeichen auf das weiße Papier und blickt dem jungen Mann tief in die Augen. „Du bist sehr schüchtern, weil du Angst hast, zurück gewiesen zu werden. Dein Vater hat einen großen Einfluss auf dich, du hast das Gefühl, ihm nichts recht zu machen. Deine Seele weint. Du bist ein durch und durch guter Mensch und hast schon viele Enttäuschungen erlebt. Aber in deinem Leben wird es noch viel Liebe geben."

Den Rest höre ich nicht mehr so genau. Ich blicke kurz auf. Renzo, der wie versteinert auf seinem Stuhl sitzt, und die Arbeiter neben ihm, die betreten auf das Tischtuch starren. Donato rutscht auf seinem Stuhl hin und her und möchte eigentlich weit weg sein, aber das, was diese Frau über ihn sagt, fasziniert ihn. Es ist die Wahrheit.

Lucia lächelt ihm aufmunternd zu. Sie kennt keinen von uns in diesem Raum, außer Ada und ihrem Vater, dem Don. Und bisher kannte Ada weder Donato, noch die Arbeiter von Renzo.

Der nächste ist Peppino. Peppino hat ein Hörproblem. Er sitzt neben mir und hat nicht so ganz verstanden, worum es geht. Bereitwillig nennt er Lucia seine Daten und steckt ein weiteres dolce in den Mund.

„Peppino, du bist sehr verliebt. Du würdest alles für die Frau tun, die du liebst und du würdest ihr gern finanzielle Sicherheit geben. Sie lebt aber mit einem anderen Mann zusammen, den du akzeptieren musst. Du bist sehr frustriert und isst zu viel. In dir nagt die Wut und du fühlst dich hilflos. Aber an der Situation wird sich nichts ändern, weil du nicht die Kraft hast, diese Frau zu verlassen."

Peppino hat sich weit über den Tisch gebeugt, um alles zu verstehen, Lucia spricht laut und deutlich und jetzt wissen alle, die es noch nicht wussten, dass Peppino unglücklich verliebt ist. „Will noch jemand?" Ohne eine Antwort abzuwarten, fragt Hexe Lucia nach den Daten von dem nächsten Giancarlo, weil ja heute sein Namenstag ist.

Der macht sich klein auf seinem Stuhl und harrt der Dinge, die da kommen werden. Und sie kommen. „Du bist sehr ehrgeizig, du willst viel Geld verdienen und arbeitest hart, weil du immer wieder neue Dinge kaufen willst." Sie wird unterbrochen von dem lauten Lachen der Männer. „Ja, er hat sich gerade wieder ein neues Auto gekauft! Und letzte Woche einen riesengroßen Fernsehapparat." Lucia lacht auch und wir lachen alle. Wein wird nachgeschenkt und die Stimmung ist wieder gut.

Renzo ist unterwegs mit dem großen Tablett auf dem die kleinen, hübsch verzierten Kuchen auf Abnehmer warten, aber so richtig interessiert das niemanden mehr. Das Essen war gut und reichlich und vor allen Dingen blicken alle gespannt auf Lucia. Einerseits in der Hoffnung, übersehen zu werden, andererseits fasziniert von ihren Aussagen. Lucia blickt mich an, ich werfe einen sehr kurzen Blick auf Renzo und schüttle leicht den Kopf. Sie hat verstanden.

Ella hat sich leicht vom übergebeugt und ist jetzt in Lucias Sichtfeld. Endlich mal eine Frau. Die Männer entspannen sich. Außer ihrem Mann, der sehr viel älter ist als sie. Ella ist hübsch, sie kommt aus der Slowakei, für die meisten Italiener etwas zu groß, aber bewundern tun sie sie alle und alle beneiden Ernesto.

Lucia blickt auf die Zahlen, die Ella ihr gegeben hat, zögert einen Moment und bittet dann um die Zustimmung der jungen Frau. „Soll ich weitermachen?" „Ja!" ist die klare Antwort. „Du trägst eine große Last mit dir. Vor langer Zeit, als du noch ein Kind warst, ist etwas mit dir geschehen, was dir sehr weh getan hat und was du nicht vergessen hast. Du hast lange unter dieser Sache gelitten und bis heute hast du nicht darüber gesprochen. Aber jetzt geht es dir besser und du hast beschlossen, nicht mehr daran zu denken." Ella bleibt ganz ruhig. „Ja, das ist alles richtig." Sie blickt ihren Mann an und nimmt unter dem Tisch seine Hand.

Ich sitze da und frage mich, ob an diesem Tisch mit den 14 Gästen auch nur einer ist, auf dessen Lebensweg nicht irgendwelche langen Schatten gefallen sind. Im Grunde genommen sind das alles einfache Leute, aber jeder von ihnen ist noch ein bisschen komplizierter als der nächste.

Lucia packt das Papier und den Stift weg. „Basta per oggi!" Die Flasche mit dem Wein aus Sizilien, den Nevio mitgebracht hat, macht ihre Runde. Oder ist es die Dritte oder Vierte?

Don Carlo lehnt sich in seinem Sessel zurück: „Angelina, komm, setz dich zu mir." Ich stehe auf und gehe zu ihm. So ist das in Italien, ein langer Tisch, viele Menschen - Arbeiter und Boss, Freunde, Nachbarn, alle zusammen und dann sagt Renzo: „An die Arbeit Leute, das Dach muss heute noch fertig werden, es gibt Gewitter." Und wir anderen gehen in die Küche und machen die Abwäsche. Ohne Geschirrspüler. Und der Don beobachtet uns mit einem Auge, das andere schläft. Aber verpassen will er nichts.

Freitag der 13. Keine Bombe ist eingeschlagen, ein paar kleine Bomben schon, aber die Krater, die sie in den Seelen hinterlassen, sind nicht sichtbar.

Millie gehört nicht zu den Ureinwohnern von Kalabrien, sie kommt aus London City. Vor zwei Jahren hat sie eine Wohnung gekauft, die zu einem wunderschönen Haus gehört, das ein alter Herr aus einer Ruine gebaut hat. Dieser alte Herr hatte eine sehr schöne Frau, die er sehr liebte und mit der er in Süditalien leben wollte. Sie war ein Model aus New York, er ein Architekt aus Rom.

Als das Haus noch im Umbau war, wurde die Frau krank und starb ein Jahr später. Irgendwie schaffte er es, das Haus in einzelne Wohnungen aufzuteilen und eine nach der anderen zu verkaufen. Und so kam Millie an ihre Wohnung mit Blick auf den Stromboli, einen wunderschönen Olivenhain und aus ihrer Küche konnte sie abends die Sonne untergehen sehen. Aber dafür hat sie einen sehr hohen Preis gezahlt.

Millie habe ich in der Schule kennen gelernt, zusammen mit dem netten Kanadier, der Französisch sprach. Dann hat sie mich drei Mal besucht und dieses Mal bestand ich darauf, dass wir uns bei ihr trafen. Ich war neugierig, ich wollte das alte neue Haus sehen. Sie hatte mir viel davon erzählt. Auch von den beiden anderen Gebäuden, die ein paar hundert Meter weiter standen und in denen ein paar arrogante Familien aus England wohnen. Und mit denen sie sich nicht versteht. Irgendwelche Intrigen. Von Millies Terrasse aus hat man einen guten Blick auf deren Pool.

Ich war begeistert von dem Blick auf den Stromboli, den Pinien und den Olivenhügeln, es war wunderschön. Zu dem großen Haus gehört ein großer Garten, zu dem großen Garten gehören etliche Schuppen und alte Holzhäuser mit Dingen, die eigentlich auf den Müll gehören. In der Mitte des Gartens steht ein uraltes Boot mit einer schrecklich blauen Plastikplane abgedeckt, das eigentlich repariert werden sollte, aber dazu ist noch niemand gekommen. Die Anfahrt zum Haus hat tiefe, vom Regen gewaschene, Rillen. Millie hat sich einen Jeep gekauft.

Meistens ist der alte Herr nicht da und die anderen unfertigen Wohnungen stehen noch leer, aber zum Verkauf. Wir hatten einen interessanten Nachmittag und der Sonnenuntergang mit Blick auf den Stromboli und die Inseln war wunderschön.

Millie brachte mich dann mit ihrem Jeep ins nächste Dorf, wo mein Auto stand. Der Weg zu ihrem Haus ist so, dass mein Fiat ihn nicht geschafft hätte. Ich fuhr den Berg rauf, im zweiten Gang, wie immer, nahm die Kurven schneller als sonst, weil ich mich freute, nach Hause zu kommen. Vor meiner Tür stand ein Korb mit Pflaumen, Don Carlo saß vor seiner Haustür und meckerte mich an. „Du kommst aber spät! Ich habe dich schon vier Tage lang nicht gesehen!" (Erst heute morgen hatte ich ihn begrüßt.) Aus der Küche der Nachbarn kam ein fröhliches „Buona sera, come stai?" Ich schloss meine Haustür auf, begrüßte zwischendurch die Hunde, nahm die Pflaumen mit ins Haus und atmetet tief aus.

Ich habe keine Luxusvilla und Wohnung, ich habe nicht viel für mein Haus ausgegeben, ich habe keine teuren Fliesen und Kacheln, aber ich habe den Blick aufs Meer und den Ätna. Und - das ist das Schönste - ich habe lauter nette italienische Nachbarn, die nicht flüstern, wenn ich vorbei gehe und die nett zu mir sind.

Millie ist vom Zeitgeist besessen. Sie sitzt stundenlang vor ihrem PC und verfolgt gespannt die Argumente der Zeitgeist-People.

Als wir uns kennen lernten war das so ziemlich das Erste, was ich über sie erfuhr. Sie erinnerte mich leicht an die Zeugen Jehovas, denen ich immer die Tür vor der Nase zumache. Ich brauche keine Leute, die mich überzeugen wollen, das kann ich allein. Sie saß auf meinem gemauerten Sofa, rauchte eine Zigarette nach der anderen und brachte mir den Geist der Zeit so nah, dass ich ein wenig irritiert war und innerlich Abstand nahm.

Im Laufe der Jahre und im Laufe meines Lebens hatte ich reichlich Zeit, mir meine eigene Meinung über die verschiedenen Dinge des Lebens zu bilden und ich erklärte ihr, dass ich über das, was wichtig ist - für mich - wie gesagt bereits nachgedacht hatte und auch auf einige Antworten gestoßen war. Ich versuchte ihr zu erklären, dass ich bis auf einige Ausnahmen nach dem Motto lebe: Ändere, was zu ändern ist und vergeude deine Kräfte nicht für Dinge, die du leider akzeptieren musst.

Das heißt nicht, dass ich mich nicht dafür interessiere, ich versuche zu verstehen, aber ein Krieg in Syrien, ein Erdbeben im Iran, die überfüllten Flüchtlingslager im Norden von Kenia - was kann ich tun?

Meine Einstellung dazu ist, dass ich versuche, wenigstens in meiner kleinen Welt ein bisschen Frieden zu schaffen, ein bisschen Optimismus zu verbreiten, und Kenia steht ganz oben auf meiner Liste. Nicht die Flüchtlingslager im Norden, aber ein kleiner Ort im Süden, in dem Menschen leben, denen ich das Leben ein bisschen leichter zu machen versuche.

Also versuchte ich das Thema zu wechseln. Toller Versuch! Es gelang mir genau für fünf Minuten, dann kam die nächste Zigarette und das bekannte *Seitgeist* anstatt Zeitgeist.

Letzte Woche Donnerstag waren wir zusammen auf einer Veranstaltung. Es ging um die Geschichte Kalabriens - gut besucht, gut organisiert, wir hatten Spaß und lernten viel über das Land, in dem wir leben. Natürlich besuchten wir auch die Kirche des Ortes. Irgendwann legte Millie ihren blonden Kopf in den Nacken und stieß einen entzückten Freudenschrei aus. Sie hatte im Deckengewölbe eine Malerei mit im Kreis tanzenden, nackten Männern entdeckt. Sie legte sich auf dem Kirchenfliesenfußboden auf den Rücken - und fast hatte ich den Eindruck, als wolle sie einen oder zwei dieser nackten Männer zu sich bitten. Aber nein - sie kramte ihre Kamera aus der Handtasche, brauchte gefühlte fünf Minuten um diese einzustellen - nicht hell genug, zu weit entfernt….Ich hörte ihrem heißen Flüstern kaum zu, weil ich die Tür beobachtete und mir überlegte, wie ich auf Italienisch erklären könnte, dass es sich bei meiner Freundin nicht um eine Ohnmacht handelte.

Endlich war sie fertig, fix und fertig. Das alles hatte sie ungemein mitgenommen und angestrengt. Und die Frage war ja: Waren die Fotos gut geworden? Oder sollte sie die Kamera doch besser anders einstellen und das Ganze wiederholen?

Zum Glück tat ihr das rechte Knie beim Aufstehen so weh, dass sie alles andere vergaß. Wir erklommen die steilen Kopfsteinpflastergassen und bestellten auf dem Dorfplatz ein Bier. Um ein Uhr nachts fuhren wir durch die Dunkelheit nach Hause und wunderten uns über die vielen Polizeikontrollen. Am nächsten Morgen erzählte Don Carlo mir, dass im Nachbarort ein Mafia-Boss festgenommen worden war.

Und um zwei Uhr nachts saßen wir wieder gemütlich auf meinem gemauerten Sofa. Ich erwartete eine weitere Rede über den Zeitgeist, aber irgendwann blickte Millie mich an und meinte: „Weißt du was? Wir reden so viel über den Zeitgeist - du lebst ihn, ohne es zu merken.“

Ich war mir nicht sicher, ob das ein Kompliment sein sollte…Jedenfalls fand ich, dass ich mein Bett verdient hatte und Millie kletterte in ihren Jeep und fuhr nach Hause.

KALABRIENS JUGEND

Auf den ersten Blick sind sie genauso wie die Jugendlichen in Nordeuropa. Sie tragen moderne Markenklamotten, alles, was in ist.

Was auffällt ist, dass sie gepflegt aussehen, wie aus dem Ei gepellt. Kein Haar liegt krumm, die Jeans und die T-Shirts sind gewaschen und gebügelt. Ob Mama das macht oder sie selbst, hängt wohl von der Mama ab. Sie gehen zur Schule. Die meisten fahren mit Schulbussen, die früh morgens über die Dörfer tuckern und die Kinder und Jugendlichen einsammeln und nachmittags wieder zurückbringen.

So schlecht die Kleinen auch erzogen sind, ab einem gewissen Alter ist Disziplin angesagt ohne wenn und aber. Die Klassen sind groß, die Lehrer überfordert, wie überall, aber hier darf noch geschimpft und bestraft werden. Die Respektsperson Lehrer existiert noch. Viele machen ihren Schulabschluss und besuchen anschließend eine der Universitäten.

Genau wie bei Hochzeiten und Familienfeiern, geben die Eltern in Kalabrien ihr letztes Hemd, um dem Sohn oder der Tochter das begehrte Studium zu ermöglichen. An den lautstarken Diskussionen rund um den Küchentisch, wo und vor allen Dingen was studiert wird, nehmen auch die Nachbarn indirekt teil. In Kalabrien bleibt nichts geheim, oder fast nichts! Meistens setzen sich die Eltern durch und erlauben und finanzieren nur ein Studium, das einen Sinn macht und später was einbringt. Die Kinder der vielen Hotelbesitzer wenden sich der Tourismusbranche zu. So bleibt das Geschäft in der Familie und man spart Ausgaben für Gehälter. Andere studieren Jura, weil der Vater eine gut gehende Kanzlei hat oder Medizin, wenn sie bei Vater oder Mutter in einer Praxis oder Apotheke arbeiten können.

Es gibt auch Archäologen, Architekten, Kaufleute, eigentlich alles, aber die große Frage ist und bleibt: Wie erfolgversprechend sieht die Zukunft aus?

Die Jugendlichen genießen ihre Studentenzeit. Weg von den ermahnenden Worten der Väter, weg von Mama mia und der Enge der Familie und der Nachbarn, die immer über alles auf dem Laufenden sind. Eine neu gewonnene Freiheit, ja, finanzielle Unabhängigkeit, nein. Während der Semesterferien kommen sie nach Hause, müssen helfen in den heimischen Betrieben. Einerseits freuen sie sich auf

Mamas Küche, die sie sehr vermisst haben, andererseits fühlen sie sich wieder wie Kinder ihrer Eltern und müssen gehorchen und sich anpassen, solange sie die Beine unter dem elterlichen Küchentisch ausstrecken.

Die Jahre des Studiums vergehen schnell, leider zu schnell und dann geht es für die meisten zurück ins Elternhaus. Hier fängt das Drama an. Aus finanziellen Gründen leben sie wieder bei den Eltern, zusammen mit den Geschwistern und Oma und Opa und Tante und Onkel nebenan. Der Heiligenschein der Bewunderung für die bestandenen Examen, die Rücksichtnahme und die Freude, dass man wieder zu Hause ist, verflüchtigen sich schneller, als man je angenommen hatte.

Bewerbungen werden geschrieben, wieder und wieder und mit jedem Gang zur Post oder auf der Suche nach neuen Jobs im Internet, entsteht eine neue kleine Hoffnung, die allerdings oft schnell wieder zunichte gemacht wird.

Da hat man jahrelang angestrengt gepaukt, hat sein Bestes gegeben, gute Zeugnisse in der Schublade, hat sich nie und nichts zu Schulden kommen lassen und jetzt will keiner einen haben. Selbstzweifel nisten sich ein in den Köpfen der jungen Menschen und Mama mia ist dann oft die einzige, die auch noch nach wochenlangem Warten und vielen Absagen Worte findet, um ihre Kinder zu trösten und zu ermutigen, weiterzusuchen und nicht aufzugeben. Obwohl auch ihr klar ist, dass Milano und der Norden die einzige Möglichkeit sind, Arbeit zu finden. Aber auch dort wird es immer schwieriger.

Früher wanderten die Männer aus, heute ist das nicht mehr möglich. Amerika und Australien, nicht mal Argentinien kommen in Frage.

Und so geschieht es, dass der frischgebackene diplomierte Rechtsanwalt in der Gärtnerei seines Vaters arbeitet. Sein Freund der Architekt beim Autoverleih, die Biologin in der Küche im Hotel. Bei Nonna Maria kann man auch beim Seife machen helfen oder bei Tante Anna im Supermarkt Gemüse sortieren. Spricht man verschiedene Fremdsprachen, findet man wahrscheinlich in einem Hotel an der Rezeption einen Job.

Natürlich ist da noch die Landwirtschaft, der Weinanbau, die Oliven etc.

Peu a peu wird die Wirtschaft in Kalabrien sich erholen, weil viele intelligente junge Leute, mit guten Ideen und viel Einsatzbereitschaft die Berufe der Alten wieder aufleben lassen und mit neuem Pepp die ausgetretenen Wege gehen.

Nico arbeitet jetzt bei seinem Onkel als Automechaniker. Jedenfalls erstmal. Er kennt sich gut mit der Elektronik aus. Filippo hilft seinem Onkel, der ist Klempner und hat immer zu tun. Mit seinem Computerwissen hilft der Neffe dem Onkel und beide sind zufrieden, erst mal.

Im Sommer kommen die Touristen und da gibt es mehr Arbeit als sonst. In den vielen Hotels, in den Restaurants und Bars, Stadtführungen, Taxifahrten und vieles mehr. Auf dem Marktplatz in Tropea haben die jungen Leute ein Blues Festival organisiert, an Ideen mangelt es nicht.

In der kleinen Sprachschule ist Hochbetrieb. Viele wollen Italienisch lernen, um ihr Eis und ihre Pizza selber zu bestellen und um im Reisebüro die Fahrten zum Stromboli und auf die Inseln buchen zu können. Andere brauchen die italienische Sprache in ihrem Beruf. Überhaupt, Italienisch ist eine so schöne Sprache.

Man wundert sich, dass es sogar in dem belebten Tropea so viele wunderschöne Altbauten gibt, die kein Mensch renoviert. Schade, bei diesem kristallklaren, türkisfarbenen Wasser, dem endlos langen weißen Sandstrand und den vielen kleinen Boutiquen und Geschäften.

Ja, so sieht es im Sommer aus. Reges Treiben! Das wunderschöne Kopfsteinpflaster lädt zum Bummeln ein, allerdings nicht auf hohen Absätzen.

Und dann kommt der Winter. Nein, erstmal der Herbst. Ab Anfang November ändert sich das Leben schlagartig. Keine Flüge mehr aus dem Norden und ein letzter Flug Richtung Norden mit den wenigen Touristen, die etwas länger für ihre Wanderungen gebraucht haben.

In den Geschäften hängen schon seit Tagen große Plakate mit 50%-Rabatten. Ende Oktober wird fast überall geschlossen und es ist oft sogar schwer, auch nur eine Pizza zu bekommen. Erst Weihnachten werden wieder ein paar Restaurants geöffnet, ein paar Bars und vielleicht ein paar Geschäfte deren Inhaber unermüdlich weitermachen, auch wenn sich das alles ja gar nicht lohnt, weil sie die Langeweile zu Hause nicht ertragen.

In den Supermärkten und Gemüseläden fallen die Preise um mindestens 30% bis 50%. Ganz automatisch, aber gewollt. Ein drastischer Preisunterschied. Keine Touristen mehr, die Einheimischen bezahlen normale Preise. Auch die kleine gemütliche Schule ist geschlossen. Keine Schüler, kein Italienischunterricht, keine Kochkurse.

Das große Tor ist verschlossen. Das Laub fällt auf die Treppenstufen des Eingangs, die Katzen spielen im Garten. Endlich kann die Nachbarin von gegenüber wieder ihre Teppiche auf dem Balkon ausklopfen, ohne, dass den Schülern auf der Terrasse der Staub entgegen wirbelt.

Andrea hat die Schlüssel in die Schublade seines Schreibtisches verbannt und Camilla, die Seele der Schule, sitzt zu Hause und hofft, dass die Depression, die immer im Winter kommt, dieses Mal ausbleibt.

Bruno überlegt, wie viele Überstunden der Autoverleih ihm nicht bezahlt hat und beschließt, im nächsten Jahr alles aufzuschreiben.

Ottavio träumt weiterhin von einem Stück Land, auf dem er Esel halten würde wegen der Milch, die er dann teuer verkaufen könnte, wenn er das notwendige Geld hätte und Pietro sitzt am Schreibtisch und plant ein paar neue Apartments mit Pool, wenn der Kostenvoranschlag nicht zu hoch ausfällt. Stella ist nach Firenze gereist und kümmert sich um ein weiteres Studium, eins reicht nicht! Cosimo versucht im Auftrag einer ausländischen Firma auf Sizilien Land zu kaufen für neue Windkraftanlagen.

Aber erstmal kommt für alle der Winter. Eine Ruhepause, die eigentlich keiner will. Fast sechs Monate! Und da bleibt nichts weiter zu tun, als Bewerbungen zu schreiben, und zu hoffen, dass man irgendwo einen Job findet, sonst war das ganze Studium umsonst. Man könnte auch nach Österreich in die Skigebiete und dort als Aushilfe arbeiten. Aber will man eigentlich überhaupt noch weg? Ist es nicht wunderschön hier? Hier sind Freunde und Familie, alles ist vertraut. Dass man immer noch bei den Eltern wohnt ist schrecklich lästig, aber preiswert. Und außerdem werden die Eltern älter und brauchen Hilfe. Wäre es fair, sie gerade jetzt zu verlassen? Sie waren zwanzig, dann irgendwann sind sie Dreißig und dann haben Einige vielleicht Familie und mit kleinen Kindern wird das Umherziehen immer schwieriger. Also lässt man es.

Man wohnt in den Häusern, die man von den Eltern geerbt hat, meistens gemeinsam mit den Eltern und anderen Verwandten, findet irgendeine Beschäftigung, die Geld genug einbringt um das Leben zu meistern und wäre eigentlich ganz zufrieden, wenn da nicht dieses Diplom wäre, das man ab und zu aus der Schublade holt um sich selbst zu beweisen, dass man mehr könnte, wenn alles etwas anders gelaufen wäre.

Nebenan wohnt ein alter Freund aus der Schulzeit. Sein Haus ist groß und gepflegt. Am Eingang hat man ein Schild angeschraubt, es glänzt in der Sonne, wie Gold: „Dr." Er hat es geschafft. Seine Eltern waren nicht reich, aber irgendwie hat er es geschafft, auch ohne deren Hilfe das Studium zu beenden und sogar den Doktortitel hat er. Sogar in Amerika hat er studiert. Glück oder Fleiß oder Ausdauer, wer weiß das schon so genau. Vielleicht alles zusammen. Gerade kommt er aus der Tür. Sein Anzug sitzt tadellos, das teure Auto wartet ein paar Meter entfernt. Er blickt sich kurz um, grüßt alle denen er begegnet freundlich und fährt los. Gestern hat er beim Gemüsehändler eingekauft. Kochen tut er selbst. Oder er geht gegenüber ins Restaurant und isst eine Pizza, Frutti di Mare. Manchmal wird ihm Tropea zu eng, dann fliegt er nach Rom oder Milano. Aber immer nur für kurze Zeit. Er würde Tropea nie auf Dauer verlassen. Die Familie, die Freunde, das Meer. Und da sind auch noch die alten Eltern, die mächtig stolz auf ihn sind. Und Mama mia, ohne die er sowieso nicht glücklich ist.

Etwas langsamer als der Sommer, aber auch der Winter vergeht irgendwann. Ein richtiger Winter ist das ja auch gar nicht. Die Ostertage sind schon richtig warm und sonnig. Herrlich, diese Blütenpracht. Die klare saubere Luft, das Meer ist heute besonders schön blau. Die Bar an der Piazza hat wieder geöffnet. Auf den kleinen Tischen liegen fröhlich karierte Tischtücher.

„Un espresso prego!"

„Per me un cappuccino! E un cornetto con crema."

Die Freunde treffen sich, machen Pläne für den Sommer, für die Saison, für das Leben. Vergessen ist die *Noia* des Winters und die Zweifel am Dasein. Das Leben hat wieder einen Sinn. Wenn auch nur für ein paar Monate. Andrea schließt das große Tor zur Schule auf, Camilla war extra beim Friseur, die erste Gruppe Schüler kommt aus Holland, sechs Lehrer. Sie waren schon im letzten Jahr da, Leute, die die italienische Sprache lieben und lernen wollen. Dann kommen die Iren aus Dublin, ein paar Angestellte der Konsulate, die ihren Bildungsurlaub genießen, die Großfamilie aus Ungarn, die seit ein paar Monaten in Rom lebt und etliche Damen und Herren, die Einzelunterricht nehmen.

Aus der deutschen Schweiz ein paar Banker, die von Zürich in den Tessin versetzt werden sollen. Aus Milano kommen Schülerinnen, die Englisch- und

Deutschunterricht nehmen. Und vom Autoverleih und den Hotels im Ort kommen ebenfalls Anfragen.

Auf dem Schreibtisch liegt ein Text, der übersetzt werden soll und auf einmal ist da wieder so viel Arbeit, dass der Winter und seine *Noia* total vergessen sind. Auf los gehts los! Um eins treffen sich alle in Filippos Restaurant unter den Linden, Pizza, Pasta, Sonne - positives Denken, Diskussionen bei einem guten Glas Wein. Was will man mehr?!

Um zwei Uhr kommen ein paar Schüler an unseren Tischen vorbei. Sie unterhalten sich über die Universität in Messina. Andrea blickt mich vielsagend an: „Eine neue Generation, aber die alten Träume."

TOLL, DIESE TOLERANZ

Wenn man mich fragt, und das passiert ziemlich oft, warum ich so gern in Kalabrien bin und was mir hier so gut gefällt, antworte ich meistens nur kurz, dass das Wetter gut ist und die Leute nett sind. Ich kann schlecht in nur einem Satz erklären, dass das Leben hier in der Stiefelspitze mich sehr fordert und dass genau das meinem Kopf guttut.

Wie die körperlichen Betätigungen die Muskeln fördern, so braucht der Kopf seine Aufgaben und Herausforderungen. Die Hauptaktivität besteht darin, den Muskel Toleranz bis zur Schmerzgrenze anzuspannen, um ihn anschließend durch eine kurze Entspannungsübung wieder in den Normalzustand zu bringen. Was ich sagen will ist, dass das Leben hier nicht möglich ist, ohne eine gewisse Toleranz.

Das muss man täglich üben, wie Yoga, sonst klappt es irgendwann nicht mehr. Gestern auf dem Weg nach Tropea wurde der Muskel Toleranz wieder für längere Zeit angespannt, hielt aber gut durch und Muskelkater hat sich später auch nicht eingestellt.

Die Schlaglöcher sind nach dem letzten Regen richtig tief geworden. Das bedeutet, dass die Autofahrer, um diesen Hindernissen auszuweichen, unkontrolliert - weil instinktiv - dem Gegenverkehr ein Stück der engen Straßen nehmen. Im besten Fall trifft das die Seitenspiegel. Meistens sind die FahrerInnen zusätzlich noch mit dem *Telefonino* beschäftigt. Ist die Unterhaltung am Telefon eher langweilig, fährt Mann oder Frau bedächtig langsam, oder zu dicht auf. Bei dringenden Angelegenheiten, so wie Terminabsprachen, Beziehungsproblemen oder anderen Streitigkeiten, wird der Fahrstil zunehmend aggressiver und sogar vor dem Bahnübergang wird das Abbremsen vergessen und der Wagen holpert lautstark über die Schienen. Riskantes Überholen gehört zum guten Ton und ist besonders vor Kurven eine Ehrensache, man weiß ja nicht, was nach der Kurve kommt. Besonders Touris werden systematisch überholt, auch wenn der Gegenverkehr und die tiefen Löcher das eigentlich nicht zulassen.

In geschlossenen Ortschaften ist man gezwungen, Schritt zu fahren, weil rechts und links unkontrolliert geparkt wird und garantiert irgendein Autofahrer einen Freund anhupt, der dann begeistert, wie auf Knopfdruck bremst, weil er sich freut, den anderen zu sehen. Also wartet man geduldig, bis das Gespräch über Familie, Geschäfte und die allgemeine schlechte Lage beendet ist. Besonders vor der Bar in

San Nicolo rechnet man besser mit einer längeren Wartezeit. Rechts und links stehen Wagen mit Insassen, die auf den Autofahrer warten, der gerade Eis für die ganze Familie holt, sich aber nicht daran erinnern kann, wer welche Sorte bestellt hatte.

Also kommt er eilig zurück. Unterstützt von einem Familienmitglied, das aus dem Auto steigt, und vergisst, die Tür zu schließen, soll die Bestellung endlich in Auftrag gegeben werden. Leider hat sich jemand vorgedrängelt, und außerdem klingelt das *Telefonino* und draußen hupt jemand schon seit einer Minute, als wäre er auf dem Lenkrad eingeschlafen. Unmöglich bei diesem Lärm, oder?

Wie ein Gummiband hat sich der Geduldsfaden um den Toleranzmuskel geschlungen und ist bereit, zu reißen. Aber nein, man blickt kurz auf die Uhr, hat ja alles nur drei Minuten gedauert. Also kein Problem. Es geht weiter. Die Straße nach Tropea ist kurvenreich. Von oben kommt ein Reisebus, von unten wird überholt. Ein Fahrradfahrer kann sich gerade noch in die Büsche retten und vor der engen Brücke quietschen die Bremsen.

Kurz vor Santa Domenica stockt der Verkehr. Montags ist dort Markt.

Heute Morgen war ich mit Ada und Ezzo, dem Hund, beim Tierarzt, deshalb ist das Fenster hinten noch geöffnet. Ezzo brauchte frische Luft.

Die Wagen vor mir und hinter mir halten. Auf der rechten Seite ist eine Berieselungsanlage in Betrieb. Alles okay bisher. Ich schließe schnell noch das Fenster auf meiner Seite. Dann halte ich den Atem an, als der kalte Strahl mich von hinten trifft, aber da gehts schon weiter. Hinter mir hupt einer, ich muss mich beeilen. In Tropea ist die Hölle los, Schritt fahren ist angesagt, aber das ist auch noch zu schnell. Vor dem alten Friedhof hat ein Reisebus seine Türen weit geöffnet und heraus strömen Herren und Damen, die sich den Schweiß aus den Augen reiben und vor der Entscheidung stehen, ob sie nach rechts oder links gehen sollen. Aber erstmal bleiben sie auf der Straße stehen.

Heute ist mein Glückstag, ich finde einen Parkplatz direkt bei der Post. Spiegel müssen unbedingt auf beiden Seiten eingeknickt werden.

Okay, meine gute Laune kommt wieder. Die nassen Haare werden in der Sonne trocknen. Und überhaupt, eigentlich war das doch alles gar nicht so schlimm, oder?

Auf dem Rückweg geht es zügig voran. Die Geschäfte öffnen erst später, die Touristen sind am Strand und die anderen erholen sich vom Mittagessen. Kurz hinter Tropea stehen drei Frauen an der Straße und winken. Chinesinnen. Eigentlich nehme ich keine fremden Leute mit, aber heute ist der Tag der Ausnahmen. Ich halte an und die Drei klettern begeistert und sehr dankbar in meinen alten Fiat. Sie wollen nach Licadi. Eigentlich heißt der Ort Ricadi, aber das R können Chinesen nicht sagen. Nun gut, das wusste ich schon vorher. Die drei plappern fröhlich in ihrer Sprache, die ich leider nicht verstehe.

Die, die vorne bei mir sitzt, kann ein paar Worte Italienisch. Nach vielen erfolglosen Versuchen erfahre ich, dass sie am Strand arbeiten und dort die Touristen massieren. Die Frau, die hinter mir sitzt, klopft gekonnt auf meine angespannte rechte Schulter und redet schnell auf die anderen ein. Kurz vor Ricadi wollen sie aussteigen. Ich kann gerade noch bremsen, dann stürzen alle Drei auf mich los, lachen fröhlich, packen mich bei den Schultern, drücken meinen Oberkörper aufs Lenkrad und beginnen mit einer chinesischen Rückenmassage, die mich alles andere vergessen lässt. Sehr entspannt und wieder allein im Auto fahre ich weiter und stelle fest, dass sie ihre gute Laune bei mir gelassen haben.

Vor meinem Haus ist eine Gasse, die zu eng für Fahrzeuge ist. Die Treppe, mit den weiten Stufen, die zum Dorfplatz führt, wurde früher von Eseln benutzt. Auf einer der breiten Stufen hockt seit einer Stunde ein Mädchen mit einer Trommel. Sie trommelt und trommelt und trommelt. Sie übt für eine Aufführung, die später auf dem Dorfplatz stattfinden soll. Mein *Telefonino* klingelte zwei Mal, aber unmöglich etwas zu verstehen, ich habe die Anrufer auf später vetröstet.

Das Mittagessen ist bei meinen Nachbarn immer ein Fest. Man könnte meinen, jemand hätte Geburtstag, nur unwahrscheinlich, dass jeden Tag jemand Geburtstag hat, aber es gibt ja noch die Namenstage und die vielen Feiertage. Es ist einfach so, dass alle zusammenkommen und gemeinsam essen und trinken und alle reden gleichzeitig. Es klingt so, als wäre der größte Familienstreit in Gange, dabei tauschen sie nur ihre oft sehr unterschiedlichen Meinungen aus.

Ich versuche um zwei Uhr mittags die Nachrichten zu hören, aber obwohl das Fenster geschlossen ist, verstehe ich nur die Hälfte. Macht nichts! Ich sehe ja die Bilder am Fernsehen, das ist schon schlimm genug! Toleranz ist angesagt, heute, morgen und übermorgen. Überhaupt, ich bin froh, dass Internet und TV so gut funktionieren in diesem Sommer.

Mit dem Wasser ist das anders. Man muss ein sehr gutes Gefühl dafür haben, wann man sich die Haare waschen kann und wann nicht. Die Kurpackung sollte man nicht zu lange drin lassen, es könnte sehr gut sein, dass sie dann drinbleibt. Heute Morgen habe ich die Wahl zwischen Vorschlaghammer und Mopedmotor. Ich entscheide mich für den Vorschlaghammer, der ist eindeutig angenehmer als das kreischende Aufheulen des Motors.

Der kleine Luigi geht morgens in den Kindergarten. Nach dem Essen schläft er bis fünf und ist abends, wenn sein Papa nach Hause kommt, putzmunter. Zum Geburtstag hat er ein kleines Auto bekommen. Mit dem fährt er nach dem Abendbrot unter Aufsicht den Berg runter und schiebt es mit Hilfe seines Vaters den Berg wieder rauf. Die Begeisterung der beiden dauert bereits eine Woche, wir stehen dann alle auf den Balkonen und feuern den Kleinen an, ich schon im Bademantel, weil ich eigentlich abends spätestens um elf ins Bett gehe.

Neulich landeten drei rohe Kartoffeln mit lautem Knall auf meiner Haustür. Giuliano, der oberhalb von uns wohnt, hatte die Nase voll von dem Gekläffe des kleinen Rehpinschers meiner Nachbarn. Er versuchte den Hund zu erschrecken, nicht mich! Am nächsten Tag stand er vor meiner Tür mit einem Glas Honig um sich zu entschuldigen. Er liebt seine Bienen, und deshalb schießt er mit einem Luftgewehr in die Luft, nicht auf die Tauben direkt. Ich bin da ganz seiner Meinung, hier gibt es noch Bienen, also erhalten wir sie. Aber die Lärmbelästigung von Luftgewehren, auch wenn sie einem guten Zweck dienen, ist nicht zu unterschätzen, oder?

Meine Nachbarn haben Bäume gefällt. Abgesehen von der Motorsäge war der Lärm erträglich. Jetzt, nachdem die Zweige und die Tannenzapfen eine Woche in der Sonne lagen, sind sie bereit fürs Feuer. Der Wind kommt von Westen, keine Wolke am Himmel. Nur die schwarzen Rauchwolken von dem, was einmal ein 60 Jahre alter Baum war. Alles was bleibt sind die kleinen Teilchen, federleicht und fröhlich, vom Wind getragen, landen sie auf meiner Terrasse. Nein, heute hing da keine weiße Wäsche!

Don Carlo mag nicht mehr allein schlafen und Ezzo, sein Pfleger und Namensvetter, Ezzo der Hund, schlafen jetzt alle gemeinsam unten im großen Schlafraum. Carlo schläft bis ein Uhr nachts gut durch, dann beginnt die Zeit des Halbschlafes. Er fängt an Geräusche zu machen, Bonbons lutschen (die hat er von mir). Leider sind sie in Papier eingewickelt und das knistert. Dann schnarcht er wieder, hüstelt, putzt sich die Nase, macht Pipi, murmelt im Halbschlaf und während dieser Zeit ballt Ezzo die Fäuste und dreht sich auf die andere Seite und versucht, endlich weiter zu schlafen. Ezzo der Hund blinzelt von einem zum anderen und wartet geduldig, dass die Haustür geöffnet wird und ein neuer Tag beginnt.

Nach dem Mittagessen macht Don Carlo einen Mittagsschlaf. Neuerdings im Auto. Ezzo legt sich dann auch „ein bisschen" hin und versucht, den unterbrochenen nächtlichen Schlaf nachzuholen. Neulich ist ihm das sogar gelungen. Er schlief tief und fest und so tief und so fest, dass er das Hupen nicht hörte, mit dem sein Boss ihn rief. Der Don musste zur Toilette, dringend. Aber Ezzo war erschöpft und weg von dieser Welt.

Ich begriff ziemlich schnell, was da passiert war und kam dem alten Herrn zu Hilfe. „Der kann jetzt sofort seine Koffer packen. Ich schmeiße ihn raus!" Während der alte Mann an meinem Arm ins Haus schlurfte überlegte ich, wie ich Ezzo diskret wecken konnte, um ihm eine gute Ausrede zu ermöglichen.

Abends kamen dann beide mit einer großen Schüssel Weintrauben aus eigener Ernte, um einen Aperitif bei mir zu trinken. Toleranz ist ein großes Wort. Jeden Tag gibt es unzählige Gelegenheiten um es sich langsam auf der Zunge zergehen zu lassen, wie eine Lieblingssorte von dem italienischen Eis, das besser schmeckt, als jedes andere.

Toleranz im Alltag angewandt, bereitet uns auf die Tage vor, an denen wirklich wichtige Dinge geschehen, die uns oft mehr abverlangen, als wir bereit sind zu geben.

Also zählen wir in aller Ruhe mindestens bis zehn, bevor wir ausflippen und spannen den Geduldsfaden etwas lockerer, es lohnt sich. Wir sind nicht allein auf dieser Welt und Gott sei Dank nicht alle aus demselben Holz geschnitzt.

DER REHPINSCHER

Mir kann keiner nachsagen, ich sei nicht tierliebend, aber der Egoismus des Menschen ist von Natur aus stärker als die Liebe. Jedenfalls in vielen Fällen.

Meine direkten Nachbarn in Kalabrien haben einen kleinen schwarzen Hund, der uns allen den Schlaf raubt. Er verbringt seine Nächte draußen, weil er drinnen zu unruhig ist und besonders bei den nächtlichen Aktivitäten des Ehepaares stört. Seine kleinen guten Ohren nehmen alles wahr und er reagiert umgehend. Jede Katze, jedes Auto, jedes ungewöhnliche Geräusch, alles wird angebellt, mit seiner hohen hysterischen Stimme, die nicht zu überhören ist. Meine Devise ist, bei nächtlichen Geräuschen, wenn ich nicht verantwortlich bin, versuche ich sie zu überhören. Leider ist das in diesem Fall fast unmöglich, weil er direkt unter meinem Zimmer hin und her rennt, anstatt in seiner gemütlichen Hütte zu schlafen.

Meine Nachbarn lieben ihn, jeder auf seine Art, die Frauen wie ein Baby, die Männer freuen sich über sein aggressives Getue und finden es lustig. Ich würde ihn Napoleon nennen, aber er heißt Pink.

Gestern Nacht war eine dieser Nächte. Sein Kläffen unterbrach meine süßen und auch die Alpträume, und so ging es wohl den meisten in der Nachbarschaft.

Heute Morgen war Holland in Not. Pink ist ausgerissen. Irgendjemand, der innerhalb von Sekunden zum Sündenbock verurteilt wurde, hatte das Tor aufgelassen und der kleine rabenschwarze Kläffer war wie ein Blitz - auf und davon. Eine Stunde verging, die ganze Nachbarschaft war in heller Aufregung und manch einer hatte sicherlich die Hoffnung, dass der kleine Teufel für immer verschwand. Aber irgendwann gingen dann alle wieder ihren Beschäftigungen nach.

Ich mag ihn nicht, diesen kleinen schwarzen Teufel. Rehpinscher gehören absolut nicht zu meinen Lieblingshunderassen. Ich habe ihn oft verwünscht und besonders nachts habe ich ihm selten Gutes gewünscht. Aber heute Morgen erhielt ich den Beweis, dass Hunde entweder keine Gedanken lesen können oder einfach nicht nachtragend sind. Als ich rein zufällig vor die Haustür ging, um die Blumen zu gießen, war er von seinem Ausflug zurück, saß ausgerechnet vor meiner Tür und blickte mich treuherzig an. Ich setzte mich vorsichtig auf die Treppenstufe, griff noch vorsichtiger nach seinem leuchtend gelben Halsband und sprach liebevoll und verständnisvoll auf ihn ein. Woher kam diese Wandlung? Meine oder seine?

Jetzt bin ich wieder mal in aller Munde. Ich habe ihn gerettet, und mit ihm alle, die an ihm hängen, wie man nun mal an seinen Tieren hängt. Was hätte alles passieren können?! Die Autos, die anderen Hunde, die vielen Gefahren! Zu mir ist er gekommen, von mir hat er sich anfassen lassen und ist nicht wieder weggelaufen. Zu mir hat er Vertrauen. Ach ja!

Ich freu mich auf die kommende Nacht, dann werden wir alle wieder überlegen, wie man ihm die kleine Schnauze stopfen könnte. Aber eigentlich ist er ja ganz niedlich und einen Einbrecher würde er ganz sicher in die Flucht schlagen, davon bin ich überzeugt.

HOLIDAY AUF ITALIENISCH

Die Ferienzeit ist beliebt bei den Kindern, aber gefürchtet von den Erwachsenen, von Ärzten der Notaufnahme in Krankenhäusern, von Autofahrern und alten Leuten, die mit dem Tempo der Jugend nicht mehr mithalten können.

Eine SMS von Sam teilt mir mit, dass meine beiden Enkel Bo und Noah in der Luft sind, das Flugzeug ist gestartet. Ohne Eltern reisen die beiden dieses Mal von Hamburg über München nach Lamezia Terme in den Süden von Kalabrien. Auf meine zweite Tasse Kaffee verzichte ich heute, bin sowieso schon nervös und hoffe, dass die beiden während des Aufenthaltes in München nichts anstellen.

Renzo gibt sich alle Mühe, mich während der Fahrt zum Flughafen abzulenken, aber ich bin erst wieder ansprechbar, als die Maschine pünktlich landet und die beiden kurze Zeit später gesund und munter, mit einem netten jungen Mann vom Bodenpersonal, um die Ecke biegen. Der Papierkram wird erledigt, ich weise mich aus, mein Perso ist okay, die Jungs haben mich erkannt, Renzo macht Fotos mit meinem Tablet, das er ganz toll findet.

Zwei Jungs, zwei Koffer, zwei Rucksäcke - die Ferien können beginnen. Bo sitzt vorn, Noah auf dem neuen Kindersitz hinten bei mir. „Ama, das ist einer für Mädchen." „Setz dich drauf, dann sieht man das nicht mehr, es gab keinen anderen." Unterwegs kaufen wir Wassermelonen. Leichtsinnigerweise sage ich zu Noah, dass er sich eine aussuchen darf. Eine findet er besonders schön, die liegt unter und hinter zehn anderen und wiegt schätzungsweise, meint der Verkäufer, 18 Kilogramm. Nach langer Diskussion einigen wir uns auf eine, die oben liegt und 12 Kilo wiegt.

(Ein paar Tage später machen wir aus dieser Wassermelone fünf Flaschen Saft. Die Küche sieht aus wie von Blut überströmt, die einzige Küchenmaschine hat Bo gut im Griff während Noah den roten Saft in Flaschen füllt.)

Endlich kommen wir an. Renzo hilft mit den Koffern, dann sind wir Drei allein. Die beiden waren schon mal hier und erinnern sich an alles. „Weißt du noch, Ama...?"

Unten habe ich die verschiedenen Betten fertig gemacht, aber sie beschließen, Beide in dem großen Bett zu schlafen. Jeder packt seine Klamotten mehr oder weniger ordentlich in die Regale, Hände waschen, umziehen, voilà - der Sommer kann beginnen.

Meine Hacke hat seit einer Woche einen tiefen Riss und ich kann nur schlecht laufen, also fahren wir nach Vibo zum Einkaufen. Bo hat schon immer gern mit mir eingekauft, Noah eher nicht, aber er schiebt den Wagen und packt dann doch alles ein, was er meint, gebrauchen zu können.

An der Kasse halte ich mich zurück. Einer packt aus, einer packt ein, bezahlen tue ich dann, aber sonst lasse ich sie machen. Die Tüten packen sie hinten ins Auto. Der Streit um das vorne Sitzen, hinten Sitzen, Telecomando fürs Tor drücken etc. dauert dann doch noch ein paar Tage. Also Bo vorne bei kurvenreichen Strecken, Noah vorne bei geraden Strecken. Alles okay und geregelt.

Am nächsten Tag fahren wir nach Tropea. Meine Kollegen von der Schule wollen die Beiden unbedingt kennen lernen. Außerdem braucht Noah eine Taucherbrille. In dem Sportgeschäft gibt es leider außer Taucherbrillen noch viele andere Dinge. Jedenfalls einigen wir uns darauf, noch mal herzukommen. Die Kasse steht auf einem dicken Marmortisch, dessen Platte Noah mal eben so hochhebt, als sei sie aus Seidenpapier. Die Inhaberin des Ladens ist sprachlos, hält schützend die Hände über die Kasse und sagt zu mir: „Das hat bisher keiner geschafft!" Noah steht da, ganz unbedarft, und fragt: „Ama, soll ich noch mal?" „Nein danke!!!!"

Das Wetter ist super. „Wir wollen ans Meer!" Also fahren wir mit dem alten Fiat den supersteilen langen Weg runter zum Strand. Um das viele Gerede zu unterbrechen, bitte ich Beide, die Luft anzuhalten, bis wir heile unten sind. Der Parkplatz ist noch frei, es ist brüllend heiß, in der vierten Reihe ist auch noch ein Sonnenschirm mit Liegen.

Felsen rechts und links, auf denen die beiden garantiert herumklettern werden, aber erst mal ab ins Wasser. Ich versuche meinen Fuß zu schonen, schwierig bei der Hitze und dem heißen Sand. Immerhin bleibt er gehorsam in der Plastiktüte, in den ich ihn gesteckt habe.

Bo tummelt sich im Wasser und kann nicht genug kriegen. Ich komme aus dem Staunen nicht heraus. Früher ließ er sich nicht mal die Haare freiwillig waschen. Die Wellen sind nicht übermäßig hoch, aber zu hoch für die ängstliche Ama.

Die Verantwortung wiegt! Noah ist etwas vorsichtiger, seine Ohrstöpsel hat er vorsichtig installiert, ich hoffe, dass er trotzdem hören kann.

Dann kommt die Kletterpartie über die rauen Felsen. Wie die Affen, von einem Felsen zum anderen - alles gut, aber ich bin froh, als wir alle Drei wieder heil im Auto sitzen und trotz Gegenverkehr auf der superengen steilen Straße wieder auf der Hauptstraße sind.

Da ist es am Pool um Einiges einfacher. Renzos Bruder hat ein TUI-Hotel mit Superpool! Und einen Park mit seltenen Tieren. Als ich nach 20 Minuten meine Jungs suche, ist Bo nicht da. Erst beim gründlichen Hinsehen entdecke ich seine Füße an der Oberfläche, er macht Handstand auf dem Boden des Beckens. Dann gibt es Eis. Pause muss sein! Und abends entweder Pasta, Hamburger, Würstchen und Fischstäbchen oder Pizza, etliche Puddingsorten etc. und viel, viel Wasser, Fanta etc. Natürlich nicht alles auf einmal.

„Ama, warum fährt Don Carlo so oft nach Nicotera ins Krankenhaus?" fragt Noah eines morgens, als das große Tor sich mal wieder öffnet. „Er hat schlechte Nieren." „Wieso muss man ins Krankenhaus, wenn man schlechte Manieren hat?"

Morgens gibt es strenge Regeln. Bo darf ausschlafen, Noah kommt zu mir rauf. Wird streng befolgt. Dann sitzen wir auf dem Sofa mit Blick aufs Meer oder auf den Morgennebel und flüstern, damit Bo noch ein bisschen schlafen kann.
Mit den Nachbarn und den anderen Leuten in der Umgebung haben sich die beiden schnell angefreundet. Italienischunterricht hat es bei Camilla gegeben. Wie man Eis kauft, guten Tag und wie geht es dir sagt. Sogar an das Küssen rechts und links haben sie sich gewöhnt.
Für die guten Zeugnisse bekommt jeder eine Uhr. Bos Armbanduhr hätte meinem Opa auch gefallen, aber alt ist in.

Ach ja, da waren noch die Legos für die ruhigen Tage. Ich dachte, die beiden wären tagelang damit beschäftigt, aber Bo macht das mit links. Und Noah lernt schnell.
Also ist das Thema bald erledigt und auf der Terrasse ist genügend Platz zum Spielen. Als die Lego-Spiele nicht mehr so interessant sind, werden die Nachbarn mit Wasserpistolen bespritzt, natürlich aus Versehen.

Ja, und so vergehen die Tage. Der Nachbarhund bellt sich durch die Nacht und weckt uns auf. Schlechte Laune am nächsten Tag. Aber sonst alles okay. Noahs

Kopfschmerzen haben sich nicht bemerkbar gemacht, trotz wilder Ballspiele die Gasse rauf und runter, über Stock und Stein und Stufen. Keine Abschürfungen, keine kaputten Knie oder Knöchel, nur meine Hacke macht noch Katacke.

Die kleinen Streitereien haben sich gelegt, weil ich da nicht mitmache. Bo hat einen guten Appetit entwickelt, Noah findet, dass meine Pasta super schmeckt. Was will ich mehr?

Vorgestern standen die Koffer wieder vor der Tür. Und das Auto von Renzo. Mixed feelings auf beiden Seiten. Bo und Noah freuten sich auf zu Hause, aber der Abschied war nicht so leicht. Am Airport noch mal italienische Pizza - endlos langes Ausfüllen von Dokumenten und dann kam auch schon die nette junge Frau, die genau wusste, dass langes Abschiednehmen ungesund ist.

Ein paar Stunden später hatten die Eltern ihre Kinder wieder und ich meine Ruhe.
,

SONNE, SAND UND QUALLEN

Seit ein paar Tagen kann ich wieder gut laufen. Meine Hacke macht nicht mehr Katacke und tut auch nicht mehr bei jedem Schritt weh. Der tiefe Riss hat eine hässliche dunkle Narbe hinterlassen aber wie gesagt, ich habe wieder zwei Füße zur Verfügung. Allerdings merke ich, dass mir das Laufen gefehlt hat und deshalb mache ich heute morgen einen langen Strandgang. Einen Fuß im Wasser, einen im Sand. Es ist noch früh, aber die Eltern mit den früh aufstehenden Kindern sind schon da. Ein paar Mütter laufen aufgeregt hin und her und fangen in bunten Plastikeimern und Netzen die gefährlichen Quallen ein, bevor die Kinder ins Wasser dürfen.

Auf dem Rückweg setze ich mich in die Nähe einer Familie und ruhe mich und meinen Fuß aus. Hinter mir ist eine Steinmauer. Ich will gerade mein Tuch ausbreiten, als ich die vielen Quallen entdecke. Ausgebreitet auf den Steinen, der Sonne ausgesetzt, zum Austrocknen verdammt. Ich finde sie eigentlich sehr schön, wenn sie so friedlich, von den Wellen getragen, in der Sonne glänzen, aber ich weiß auch, dass der Kontakt mit ihnen auf der Haut sehr schmerzhaft ist. Täglich macht irgend jemand diese böse Erfahrung und der schlechte Ruf, der ihnen anhängt, übertrifft bei weitem ihre Schönheit.

Also lasse ich mich ein bisschen weiter nieder, neben einer Familie mit zwei Kindern. Natürlich habe ich mir ein Buch mitgebracht, aber neben einer italienischen Familie liest man jeden Satz mindestens drei Mal.
Die kleine Vierjährige läuft zu ihrer Mutter, die schon wieder eine Qualle entdeckt hat und nach dem Eimer ruft. „Mama, Mama, wo ist Papa?"
"Papa kauft sich eine Zeitung." „Schon wieder? Er hat sich doch gestern schon eine Zeitung gekauft. Und mir hat er gesagt, es ist nicht gut, wenn man jeden Tag dasselbe kauft. Also warum kann ich nicht jeden Tag Bonbons kaufen?"
Der große Bruder ist elf und verschnupft. Er sitzt etwas abseits im Schatten und bockt. Jeden Tag Strand - langweilig! Zum Trost schickt Mama die Kleine zu ihm mit einer großen Tüte Chips. Seine Schwester will sich zu ihm setzen. Er packt sie, dreht sie zu sich um und sagt: „Lass mal deine kleinen Brustwarzen sehen! Wenn du groß bist, hast du so Große wie Mama." Die Kleine senkt den Kopf und blickt rechts und

links auf die kleinen braunen Punkte. „Und du, wie sehen deine aus, wenn du groß bist?"

Der Vater kommt zurück mit der Zeitung und lobt seine Frau, die sieben Quallen aus dem Wasser gefischt hat. Er setzt sich auf das Tuch unter den mitgebrachten Sonnenschirm und breitet die Zeitung aus. Mit einem kurzen Blick auf die Kinder - die mit den Kartoffelchips beschäftigt sind - und auf das Handy, das er griffbereit neben sich gelegt hat, seufzt er zufrieden und beginnt zu lesen. Seine Frau kommt aus dem Wasser und setzt sich zu ihm. „Hör dir das mal an: Stundenlohn für Handwerker, für Müllabfuhr, Putzfrauen - hier ist eine lange Liste, kannst du mir mal sagen, was da noch ein Studium wert ist?" Sie lächelt und blickt versonnen aufs Wasser. „Naja, du sagst doch immer, dass du zwei linke Hände hast, und den Müll vergisst du auch regelmäßig und putzen macht dir keinen Spaß. Da finde ich schon, dass dein Studium sich gelohnt hat."

Im Moment ist Ruhe, die Kinder kauen, die Mutter hält Ausschau nach weiteren Quallen und der Vater liest Zeitung. Urlaub, endlich Urlaub!

„Papa, weißt du, wie du aussiehst? Wie eine Pizza Margherita, weiß wie Mozzarella und rot wie Tomaten."

SCHÜSSE.
WAS BEDEUTEN SIEBEN SCHÜSSE AM 7. DEZEMBER?

Ich kenne die Geräuschkulisse unseres Dorfes abends um zehn und elf Uhr genau. Die Fernseher laufen auf Hochtouren und die Gutenachtwünsche hallen durch die Gassen. Samstagabends ist das noch ausgeprägter, dann sind die Jugendlichen auf der Straße, die Hunde bellen, Eheleute streiten oder lieben sich und Kinder weinen oder lachen.

Oder eine Gruppe von Gästen kommt gerade aus dem Restaurant, nach einem guten Essen und reichlich Wein, eilt am Friedhof vorbei, da wurde gestern jemand aus dem Dorf bestattet.

Ende November schloss ich meine Haustür ab, an einem Montagmorgen, um zum Flughafen nach Lamezia zu fahren.

Seit dem 7. Dezember hat diese meine Haustür sieben Löcher. Nicht vom Holzwurm zerfressen, nicht vom Rost, nicht vom Zahn der Zeit zernagt, auch nicht vom Sturm. Am 9. Dezember rief Renzo mich an.

Nach dem Anruf setzte ich meine rosarote Brille ab und fiel in ein Loch mit unzähligen Fragezeichen und irgendwie ohne Boden unter meinen Füßen.

Jemand hatte am Samstag dem 7. Dezember abends sieben Mal auf meine Haustür geschossen und da waren jetzt sieben gut sichtbare Löcher. Zuerst wollte Renzo mich schonen und sagte nicht, dass die Schüsse sogar ins Innere des Hauses gedrungen waren.

Bianca, meine Nachbarin, der ich auch meine Haustürschlüssel gegeben habe, hatte die Einschüsse am Sonntag morgen gesehen, als sie den Müll rausbrachte und sie hatte Renzo angerufen. Er wollte wissen, ob er die Polizei benachrichtigen sollte. Natürlich sollte er! Was da gesprochen und nicht gesagt wurde, weiß ich nicht, weil ich ja nicht dabei war.

Ich habe keine Feinde in Italien - oder doch? Bisher dachte ich, dass mich dort alle gernhaben und dass mich keiner hasst. Täusche ich mich?

In meinem Haus war es dunkel, Strom abgestellt. Ich war ja nicht da, also galten die Schüsse nicht mir - oder doch?

Mafia vielleicht? Nein! Ein enttäuschter Liebhaber, vermutete die Polizei. Aber da gab es keine Liebhaber, auch keine enttäuschten! Ein Irrer, ein Betrunkener? Ja, kann sein, wäre mir noch die liebste Lösung. Alkohol entschuldigt ja Vieles. Wurde aus der Nähe geschossen? Oder von der Straße aus? Welche Pistole? Hat man die Munition gefunden? Hat wirklich keiner was gehört oder schweigen meine Nachbarn aus Angst?

Da sind viele Fragen offen. „Mach dir keine Sorgen…" sagt Renzo.

Und wenn die Schüsse gar nicht mir galten, was, wenn man die Haustür verwechselt hat?

Ich werde erst in ein paar Monaten wieder in Kalabrien sein. Ob der Fall bis dahin geklärt ist? Ich glaube es nicht. Wahrscheinlich wird die Akte in irgendeinem Schrank verschwinden, Renzo wird die Löcher der Tür stopfen und die Nachbarn ihre Mäuler.

Und ich werde meine rosarote Brille putzen und, nach ein paar unruhigen Nächten, wieder ruhig schlafen - begleitet von der Geräuschkulisse unseres Dorfes.

NEUE ALTE WURZELN

Es ist neun Uhr morgens und allmählich hat auch der letzte der Einwohner des kleinen Bergdorfes seinen Lieblingssender im Radio oder am Fernsehen gefunden.

Bevor ich morgens zur Schule fahre und Englisch auf Italienisch unterrichte, gieße ich meine Blumen und Pflanzen. Aus Deutschland hatte ich Blumensamen mitgebracht. In mühsamer Kleinarbeit waren sie auch aufgegangen, sie wuchsen - trotz des Klimawechsels - einigermaßen gut, aber so richtig gesund sahen sie nicht aus.

Das Wasser ist knapp und nicht immer vorrätig, aber ich wollte sie zum Blühen bringen, bis ich auf dem Nachbargrün-Grundstück dieselbe Art entdeckte, die wild und fröhlich und ganz offensichtlich ohne irgendeine liebevolle Pflege in den blauen Himmel wucherte. Ja, so ist das. Und das Resultat war ohne Frust, ehrlich. Ich grub meine mickrigen Blümchen aus und packte sie zu den wildwachsenden im unbewohnten Nachbargrundstück. Mal sehen, vielleicht fühlen sie sich ja dort wohler. Wahrscheinlich spare ich ja jetzt den einen oder anderen Eimer Wasser.

In diesem Jahr gehöre ich schon fast dazu, ich meine zu diesen Menschen hier oben Im Dorf. Sie sprechen nicht mehr leise, wenn ich dabei bin und das ist ein gutes Zeichen. Sie sprechen auch nicht mehr langsam und meistens verstehe ich auch, was sie sagen oder besser, was sie meinen. Auf meine Antwort warten sie manchmal, nicht immer.

Ja, es ist Juli. Es ist heiß und erst beim Aufräumen der Wintersachen habe ich mich daran erinnert, wie entsetzlich kalt es noch im April war. Wie stürmisch, wie neblig.

Gestern war ich am Strand. Es war ziemlich heiß und windig und die Wellen waren etwas höher als sonst. In Gedanken vertieft, achtete ich nicht auf die Menschen, die redeten, lachten und spielten, bis mein Blick auf eine dicke Frau fiel, die hilflos im niedrigen Wasser lag und nicht allein wieder hochkam. Sie hatte nicht gerufen, jedenfalls hatte ich nichts gehört, aber sofort sprangen zwei junge sportlich aussehende Männer auf, ließen ihre verdutzten Freundinnen im Stich und liefen zu ihr. Sie hatten ihre Mühe, die Frau wieder auf die Beine zu stellen. Liebevoll und fürsorglich geschah das und kein bisschen Hohn oder Spott oder Schadenfreude in ihren Augen. Es war nicht peinlich, es war nicht lustig, es war einfach passiert und dann wieder in Ordnung.

Ich esse gern Feigen. Der kleine Supermarkt, in dem ich immer meinen Ingwer kaufe liegt auf dem Weg zur Schule und oft, wenn ich noch schnell etwas brauche, kaufe ich dort ein. Also hatte ich Feigen in eine Tüte gepackt. Hier wird das Obst im Supermarkt noch von einem Obstverkäufer begutachtet und gewogen. (Auch an der Tankstelle steige ich nicht aus. Keine Selbstbedienung - ich brauche nichts zu machen und der Tankwart ist nicht arbeitslos. Gute Einrichtung.)

Zurück zu den Feigen. Ich legte sie in meinen Einkaufswagen und wollte weiter, als der Boss kam, mir eine Tüte in den Wagen legte und meinte: „Diese sind frischer." Dann ging er zur Kasse und erklärte der Frau an der Kasse, dass ich nur eine Tüte zu bezahlen hätte.

Sein Lächeln war herzlich und leider war er zu jung, sonst hätte ich gern mit ihm geflirtet.

WIE SCHÖN, DASS HEUTE SONNTAG IST

Seit vorgestern sind die Norditaliener wieder da. Das Wetter ist bildschön, keine Wolke am Himmel, eine leichte Brise - kein Wind, es verspricht, ein heißer Tag zu werden. Und heute sind sie zum Strand gefahren. Sie sind früher aufgestanden, weil das Wetter so gut ist. Schnell einen Espresso trinken, Sachen ins Auto packen, den Nachbarn, die nicht im Urlaub sind, einen guten Tag wünschen und den neidischen Blicken entgehen, die sich an dem neuen Wagen festsaugen, den sie gerade gekauft haben (meint: auf Kredit.)

Die Wagentüren werden zugeschlagen, das leise Motorengeräusch verschwindet, als sie den Berg runterfahren.

Ich lehne mich zurück, entspannt. Wie schön, dass heute Sonntag ist. Irgendwoher kenne ich dieses Geräusch. Durchdringend, penetrant, aufdringlich. Wie ein widerlicher Tinnitus, schrill und nervig. Die Erkenntnis kommt ziemlich schnell, die Norditaliener sind zum Strand gefahren und kommen erst spät zurück. Sie haben vergessen, den Wecker abzustellen.

Auf meiner Terrasse ist er besonders gut zu hören. Ich lasse den Blick schweifen. Meine Bücher, der Sonnenschirm, die Flasche mit dem frischen Wasser und das Glas, das in der Sonne glänzt...Wie lange hält so eine Batterie???

Ich tröste mich, es könnte ja auch ein schreiendes Kind sein oder ein streitendes Ehepaar oder eine nicht enden wollende Messe oder

eben ein Tinnitus, das wäre garantiert viel, viel schlimmer. Der Hahn kräht, übertönt für einen Moment das schrille Geräusch, ich blicke auf die Uhr. Wie schön, dass heute Sonntag ist, noch mindestens sechs Stunden.

Gestern Nachmittag war ich auch zu Hause. Ich wartete auf einen jungen Studenten, der bei mir Englischunterricht nimmt. Es war ein heißer Tag, die Fenster und Türen waren überall geöffnet. Von irgendwoher kam ein Geräusch, das ich noch nicht kannte. Es ist ja so, dass man die Geräusche, die man einordnen kann, besser erträgt.

Ich versuchte, mich auf meine Arbeit zu konzentrieren, aber dieses widerliche penetrante Schrillen wurde mir irgendwann zu viel. Und ich war nicht die Einzige. Allmählich kamen immer mehr Leute an die Fenster und auf die Balkone und blickten ratlos um sich. Es war kein Baulärm, kein Mixer, kein Staubsauger, keine defekte Wasserleitung kein Klingeln...obwohl...

Natürlich war es Edda, die den Fall übernahm. „Sie sind am Strand, sie sind vor einer Stunde weggefahren, den Hund haben sie auch zu Hause gelassen. Die Kinder haben bei der Nonna geschlafen."

Ja und? Ich wartete auf die Fortsetzung, um herauszufinden, was die anderen bereits wussten, nämlich um wen und was es eigentlich ging.

Also, es ging um die übernächsten Nachbarn, die aus Milano, die mit dem kleinen Hund mit der lauten Belle. Die mit den Kindern, die abends nicht ins Bett wollen. Ja und? Das Geräusch, der Lärm? Edda blickte von ihrem Balkon herüber zu mir und ihr Scharfsinn sagte ihr sofort, dass ich das alles noch nicht verstanden hatte.

Geduldig beugte sie sich etwas zu weit über das schwarze Gitter, und übersetzte in gutem Italienisch die Zusammenhänge. „Also, diese Leute, mit denen es ja schon immer Schwierigkeiten gab - so ist das eben - wenn die zu lange im Norden leben - haben vergessen, ihren Wecker abzustellen. Man stelle sich nur vor, diese Lärmbelästigung, die nun schon Stunden dauert und man weiß ja nicht, wann die Leute endlich vom Strand zurückkommen werden." Das Rätsel war gelöst, der Schrillton blieb.

Auch bei mir klingelte es, mein Student war endlich angekommen, mit vierzig Minuten Verspätung. Seine Entschuldigungen, begleitet von dem schrillen Klingelton des Weckers, gingen unter im Lärm eines sich nähernden Wagens, aus dem laute Musik ertönte.

Die Wagentüren wurden von ein paar herbeieilenden Nachbarn aufgerissen und die Insassen stiegen mit sandigen Füßen aus. Der Redeschwall vermischte sich mit der Musik und alle gemeinsam eilten sie zu dem Haus, in dem der Wecker noch immer fröhlich klingelte, obwohl es längst Spätnachmittag war. Und dann war es: still.

Nur Eddas Stimme war noch zu hören. Sie erzählte ihrem Mann, der schon seit Jahren aus Krankheitsgründen das Haus nicht verlassen kann, die ganze Geschichte in all ihren Einzelheiten. Die Heldin des Tages war wieder einmal Edda.

IL COMUNE

Es ist sowas wie ein Einwohnermeldeamt. Nach der ersten Wiedersehensfreude und den vielen Fragen nach der Familie und dem Wetter kommt Renzo darauf zu sprechen, dass wir in der nächsten Woche mal zur *Comune* müssten. Die Grundsteuer hatte ich Ende des letzten Jahres bezahlt aber die Rechnungen für Wasser und Müll stehen noch aus. Also holte er mich gestern Morgen ab und nachdem wir der Polizei wegen der Schüsse in meiner Haustür einen kurzen Besuch abgestattet hatten, fuhren wir zum Amt.

Die Parkmöglichkeiten dort sind so, dass man nach einer ziemlich steilen Auffahrt zwar knapp zwischen zwei Laternen parken kann, man aber den Berg dann später wieder rückwärts wieder runterfahren muss, wobei der Gegenverkehr sehr hinderlich ist. Aber erstmal haben wir einen Parkplatz. Ich habe etwas Mühe, aus dem Wagen zu kommen, wegen der Laterne.

Ich lasse Renzo den Vortritt, er kennt den Weg. Auf den Gängen warten Menschen mit Akten in den Händen oder unter den Armen. Jeder Neuankömmling wird begrüßt wie ein alter Freund oder wie ein liebes Familienmitglied. Das Warten hier ist kein Problem, man vertreibt sich die Zeit. Irgendwann sind wir dann an der Reihe. Dieses Mal lässt Renzo mir den Vortritt. In dem Raum, mit dem herrlichen Blick aufs Meer sitzt, statt der erwarteten *Dottoressa* mit dem Riesenausschnitt und dem Vollbusen, eine Dame mittleren Alters mit einer dunkelblauen hochgeschlossenen Wollbluse.

Renzo, der sich schon auf eine freundliche Begrüßung eingestellt hatte,

und sich gern über die Vollbusige gebeugt hätte, wird von einer förmlichen, eher kühlen Stimme überrascht: „Was kann ich für Sie tun?" Ganz Gentleman, fängt er sich sofort und legt den Sachverhalt dar. Wie immer bei diesen Amtsbesuchen halte ich mich zurück und lasse ihn reden. Ich hätte es einfach nicht geschafft, ein liebenswürdiges *Dottoressa* in jeden Satz einzubauen, aber das ist unbedingt notwendig, um die Beamtin bei Laune zu halten.

Er erklärt ihr, dass ich vor drei Jahren ein Haus gekauft habe, von dem ihr bekannten Anwalt im Nachbarort und dass leider die ausstehenden Rechnungen für Wasser und Müll nicht bei uns eingegangen seien, also noch nicht bezahlt wurden. Mahngebühren etc. wolle man ja vermeiden.

Auf dem Schreibtisch der *Dottoressa* stapeln sich die Akten. Einige sehen alt und abgegriffen aus, andere neu und unangetastet. Der Computer steht etwas zurückgeschoben im Hintergrund, so, als blicke er mit seinem dunklen Bildschirm wie durch eine Sonnenbrille auf den hohen Aktenberg, der ihn zum Glück nichts angeht.

Die Dame mit der hochgeschlossenen dunkelblauen Wollbluse wühlt und wühlt und findet nicht das, was sie sucht. Renzo und ich stehen vor dem großen Schreibtisch, ratlos, wie sie. Endlich wage ich zu sagen, dass sie vielleicht unter dem Namen des Vorbesitzers nachsehen könnte. „Ja, vielleicht" – und ich denke, einfacher wäre es ja, wenn wir den mal anriefen, um zu fragen, ob er die Rechnungen bekommen hätte.

Zum Glück habe ich die Nummer in meinem Notizbuch, wir dürfen sogar das Telefon in ihrem Büro benutzen. Il Dottore G.R. antwortet und äußert seine Freude darüber, dass ich wieder im Lande bin. Sein Redeschwall hört dann endlich auf, aber die Rechnungen hat er nicht bekommen, jedenfalls - ach ja, er war schon drei Monate nicht mehr zu Hause.

Dann will die Dame vom Amt wissen, wie denn die genaue Adresse meines Hauses lautet. Als ich ihr die Straße nenne, meint sie, die Straßennamen seien schon vor 15 Jahren geändert worden, diese Straße sei auf keiner Liste. „Kann ich bitte mal ihren Personalausweis sehen?" Ich ahne Böses! Ratlos blickt sie auf meine Namen. „Und welcher ist jetzt Ihr Name?"

Sie darf nur Einen eintragen, aber auf meinem Perso stehen quasi Vier: Vorname, Familienname, Geburtsname - leider auch noch mit Bindestrich. „O mio dio!" So etwas hat sie noch nie gesehen.

In Italien werden ständig Familiennamen, Vornamen und Mädchennamen verwechselt. Dies würde eine längere Sitzung werden…Wenn es um Besitz geht, so wie um den Kauf eines Hauses, wird der Mädchenname der Frau angegeben, weil das im Fall einer Scheidung oder Trennung den Besitzanspruch eindeutig klärt.

Es war nicht klar zu ersehen, auf welchen Namen Müll und Wasser eingetragen war. Auf einen meiner verschiedenen Namen oder immer noch auf G.R. aber das hätte auch nicht viel geändert, weder die alten, noch die neuen Listen gaben Auskunft. Und außerdem sollten die Rechnungen ja an Renzo adressiert sein, weil ich im Winter nicht in Italien bin.

Langer Rede kurzer Sinn - alle Formulare werden neu ausgefüllt, im Stehen - Anträge für Wasser und Müll. Vier große Formulare mit ca. 12 bis 14 Unterschriften mit meinem Mädchennamen. Ich verschreibe mich nur zwei Mal. Renzo steht der Schweiß auf der Stirn aber dann kann er sich doch nicht zurückhalten: „Entschuldigen Sie, *Dottoressa*, aber ihre Kollegin, die sonst hier war - ist sie krank?" „Nein, sie wurde versetzt, oder besser befördert. Manche haben eben Glück! Und sie hat mir diesen Stapel Akten hier zurückgelassen. Alles unerledigt!" ihre Handbewegung ist vage, ihr Blick spricht Bände.

Eigentlich hätten wir jetzt gehen können, aber die *Dottoressa* besteht darauf, die vielen Formulare zusammenzuhalten - mit einer Büroklammer. Aber wo um Himmels Willen findet man eine Büroklammer? Sie braucht genau drei Minuten, dann endlich entdeckt sie das kleine Ding in der letzten Schublade des Schreibtisches.

Es ist bereits 11:45 Uhr, als wir an der Post ankommen, um die Rechnungen zu bezahlen. Natürlich kennt Renzo auch den Beamten an der Post. Hinter dem dicken Glas sitzt ein Mann mit einem dicken Bauch und einer dicken Brille, die er mit einem roten Tuch putzt. „Ihr müsst warten, bis ich hier fertig bin, der Postwagen kommt nur noch alle drei Tage und die Post muss frankiert werden, aber in zehn Minuten bin ich fertig." Er beeilt sich nicht, Renzo leistet ihm Gesellschaft, indem er ihm die letzten Neuigkeiten erzählt und ich reiche ihm ein neues Brillenputztuch durch den Schlitz im Glas. Dann wird der Computer angestellt. Im selben Moment klingelt das Telefon.

„Ja, ich komme zum Mittagessen. Aber ich muss den Postwagen abwarten. Pasta vongole? Si va bene."

Nach ein paar Minuten schiebt er mir ein paar Formulare zu, die er umständlich getippt und ausgedruckt hat. Ich unterschreibe, unterschreibe und noch mal ohne mich zu verschreiben. Und dann endlich schiebe ich das Geld für Wasser und Müllabfuhr durch den Schlitz, zusammen mit den Formularen. Während er seine Brille mit dem neuen Brillentuch putzt, sieht er mir zu und lächelt. „Hast du vielleicht noch eins von diesen Brillenputztüchern?" „Certo, anche due!" Jetzt krame ich in meiner Tasche.

Renzo wartet draußen, er hat einen Freund getroffen oder jemanden, der zur Familie gehört? Wer weiß. Der Postwagen biegt laut hupend um die Ecke, wie alle drei Tage, dieses Mal pünktlich um 12:00 Uhr.

Also wird er pünktlich zu Hause sein, der Postbeamte, für seine Pasta con vongole. Und wir können endlich den Heimweg antreten, aber erstmal stärken wir uns in der Bar mit einem Mini-Espresso, extra forte.

„Na, das wäre ja erledigt." Renzo blickt mich von der Seite an. „Schade, dass die *Dottoressa* nicht mehr da ist."

GESETZE...

...von Menschen erdacht, werden immer wieder geändert oder ändern sich von allein. Naturgesetze, nicht von Menschengeist geschaffen, sind etwas ganz anderes. Natürlich habe ich schon früher und immer wieder über diese Tatsache nachgedacht, aber seitdem ich in Kalabrien lebe, sehe ich das alles mit noch anderen Augen.

Auch hier gibt es alte Leute, richtig alt sind sie - weit über 90 Jahre alt. Sie haben sich von Olivenöl, Tomaten und roten Zwiebeln ernährt und ihre Köpfe und Körper sind gesund. Aus ihren Mündern, in denen viele Zähne fehlen, höre ich eine andere Wahrheit als aus den Mündern der Alten, die in Deutschland leben und deren Dritte Zähne weiß und sauber strahlen. Wir sitzen auf alten Bänken oder wackligen Gartenstühlen, die nicht zueinander passen und reden über den Zweiten Weltkrieg. Sie haben ihn erlebt. Und überlebt. Ich habe nur davon gehört. Aber ich bin Deutsche und das macht die Sache nicht einfacher.

Ich bin vorsichtig, wenn ich Fragen stelle und sie sind vorsichtig, wenn sie auf meine Fragen antworten. Sie haben mich aufgenommen, gastfreundlich. Sie bringen mir Lebensmittel, teilen ihre Alltagssorgen mit mir und erzählen viel und gern aus alten Zeiten, solange es nicht um das Thema Krieg geht. Aber manchmal kommt es doch dazu und im Gegensatz zu den alten Leuten in Deutschland, sagen sie mir die Wahrheit.

Sie wussten, dass es Transporte in die Konzentrationslager gab, dass es da um Juden ging, die überall zusammengetrieben wurden. Sie erinnern sich, jeder auf seine Art, jeder hat andere Erfahrungen mit den Deutschen gemacht während der Zeit der Besetzung. Die Männer eindeutig andere, als die Frauen. Die Bitterkeit, die Wut, die Hilflosigkeit, den Hunger, das alles haben sie weggeschoben, es gehört nicht mehr in diese Zeit - diese Zeit hat ihre eigenen Probleme.

Aber dann und wann sehe ich ein Lächeln in ihren Augen und einer von ihnen sagt: „Na ja, es gab da auch ein paar Gute unter ihnen."

Don Carlo erzählt dann von der Geschichte, als die Besetzer sein Haus besetzen wollten und er ihnen gastfreundlich wie er war, soviel Wein zu trinken gab, dass die meisten von ihnen volltrunken im Garten schliefen.

Dann wage ich es wieder, mich aufzurichten und mitzulachen, so, als ob ich ein wenig zu ihnen gehörte.

Die Angst, dass wir vielleicht genauso gehandelt hätten, wie unsere Eltern und Großeltern, zwingt uns heute noch dazu, laut zu protestieren, laut zu verurteilen, laut anzugreifen. Mit uns hätte man das nicht gemacht. Wir hätten anders reagiert. Und so wuchsen wir auf, sehr wohl wissend, dass wir die Wahrheit nicht erfahren würden, nicht einmal von denen, die uns abends ins Bett brachten, uns über die Haare strichen, denen wir vertrauen wollten und nicht konnten.

Wir wollen sie im Keim ersticken, diese Angst, die uns, die Generation nach genau jener Generation, immer wieder überfällt. Unsere Väter und Großväter haben sie gesät und unsere Mütter und Großmütter haben sie gehegt und gepflegt, indem sie flüsterten und nie die ganze Wahrheit sagten. Es war die Zeit der hochgeschlossenen Nachthemden, der Krawatten, die zu eng saßen. Es war die Zeit der Heimlichkeiten und über Sex und Vergewaltigungen wurde nicht gesprochen so wenig wie über die Alpträume, unter denen die Männer litten, die aus der Gefangenschaft kamen. Das große Warum hing wie Staubwolken im Raum. Man wedelte es in eine Ecke, fegte es unter die Perserteppiche und vergaß es beim nächsten Hausputz. Keine Schuld ohne das Bewusstsein der Schuld? Aber woher kamen dann die Alpträume?

Und so entstanden diese ersten Lügen zwischen den Generationen.

Schon sehr bald verstand ich, dass jeder seine eigene verschleierte Wahrheit hatte, maßgeschneidert.

Die Gesetze aber hatten sie gemeinsam. Ihnen mussten sie folgen, bedingungslos. Gesetz ist Gesetz - so ist das auch heute noch und so wird es sein, bis die Menschheit vielleicht eines Tages keine von Menschen gemachten Gesetze mehr braucht. Die ersten Gesetze waren die Gebote, die Gott an Moses weitergab. Für das Volk Israel. Ich bin mir aber ziemlich sicher, dass auch diese Gesetze schon sehr bald geändert wurden, maßgeschneidert für die damalige Zeit.

Und wären die Menschen im letzten Jahrhundert ihrem Herzen gefolgt, anstatt den Gesetzen, wäre vielleicht vieles ganz anders gekommen.

Es ist August, es ist heiß. Die Sonne strahlt und brennt von einem wolkenlosen Himmel. Es ist zwei Uhr nachmittags. Es ist still im Dorf.

Nur Edda vertreibt nun schon zum dritten Mal die Tauben von ihrem Balkondach.

Die Leute haben zu Mittag gegessen, die meisten ruhen sich aus, irgendwie und irgendwo. Oder holen den Sex nach, für den es gestern Nacht zu spät oder zu heiß war. In den Häusern, im Schatten, da wo es etwas kühler ist. Das Dorf liegt an einem Hang mit einem wunderbaren Blick auf die Straße von Messina und Sizilien mit dem Ätna. Und wenn man sich etwas weiterbewegt, kann man bei gutem Wetter den Stromboli und die Inseln sehen.

Unten im Dorf ist die Kirche und der große Dorfplatz. Auch gibt es einen Supermarkt, in dem man alles kaufen kann, wenn man dann gefunden hat, wonach man sucht. Und es gibt eine Apotheke, in der eine sehr hübsche Apothekerin den Leuten gute Ratschläge gibt. Die Apotheke gehört dem Bürgermeister.

Viele Häuser im Dorf sind unbewohnt, jedenfalls im Winter. Die Besitzer leben und arbeiten im Norden und kommen höchstens im Sommer, um Urlaub zu machen. Andere Häuser sind unbewohnt, weil die Besitzer größere Häuser gebaut haben, da wo sie ihr Land bearbeiten. Sie sind ausgesiedelte Bauern, die ihre Land- und Viehwirtschaft intensiv und erfolgreich betreiben. Der Boden ist fruchtbar und es geht ihnen nicht schlecht. Es gibt große Schafherden, große Vieherden, Milchwirtschaft, Käse, der berühmt ist - über die Grenzen hinaus. Es gibt riesige Zwiebelfelder, auf denen die Leute früh morgens arbeiten, ab 11 Uhr ist es zu heiß.

Auf diesen Bauernhöfen leben große Hirtenhunde, meistens vier oder fünf, die den Schäfern helfen, die Herden von einem abgeernteten Acker oder von einer abgefressenen Weide zur anderen zu treiben.

Wenn man ins Tal fährt, Richtung Meer, kommen sie einem oft entgegen und bei geöffnetem Wagenfenster hört man ihr Blöken, man kann sie anfassen und den Duft ihrer Wolle einatmen, so dicht drängen sie ans Auto.

Manche von diesen großen Höfen vermieten Ferienwohnungen und bieten gesundes Essen an, aber die Touristen ziehen es vor, direkt am Strand zu wohnen und so bleiben die Dorfbewohner meistens in ihren Großfamilien unter sich und langweilen sich trotzdem nicht.

Die Alten wohnen mit auf dem Hof, kümmern sich um die anfallenden kleineren Arbeiten und helfen den Kindern und Enkelkindern. Das klingt gut, ist es aber oft nicht. Generationskonflikte und heftige Streitereien gibt es auch hier, aber nachdem alle ordentlich geschimpft und geflucht haben, wird das Wasser für die Pasta aufgesetzt und 12 Minuten später sitzen alle am langen Tisch. Antipasti, il Primo, il Secondo, Fromaggio, Frutta, ein Glas hausgemachter Wein und einen Espresso und die Welt ist wieder in Ordnung. Bis zum nächsten Mal. Sie alle haben ein gemeinsames Ziel und das heißt: Famiglia! Ausbrechen gilt nicht.

La madre Italiana ist weltweit bekannt. Mama Mia ist ein Begriff, der mit allen Italienern, die überallhin ausgewandert sind, mitgereist ist. Die italienischen Mütter lieben ihre Söhne auf eine Art und Weise, die man schlecht beschreiben kann, aber man hat immer wieder Gelegenheit, sich darüber zu wundern und zu staunen. Es ist so, als gäbe es eine zweite Nabelschnur, eine, die nie und niemals und von niemandem durchtrennt werden kann. Besonders schwer haben es oft die Schwiegertöchter, die im Schatten dieser starken Frauen bleiben, bis sie ihren eigenen Sohn haben und dieser neue Sohn hat dann seine Mama Mia und das Spiel beginnt von vorn. Die italienischen Väter in Kalabrien wollen unbedingt, dass ihre Kinder es besser haben als sie selbst. Das Leben ist auch hier von Arbeitslosigkeit gezeichnet und diejenigen, die kein Land besitzen und nicht in der Tourismusbranche arbeiten, haben es sehr schwer. Oft nehmen Eltern Kredite auf, um ihren Kindern ein Studium zu ermöglichen und hoffen dann, dass die Kinder das auch zu schätzen wissen. Natürlich meinen die Eltern dann auch ein Wörtchen mitreden zu müssen, wenn es um die Berufswahl geht - und da gibt es dann wieder ganz erhebliche Meinungsverschiedenheiten, die in der Regel in der Großfamilie ausgetragen werden.

Für junge Mädchen ist das Leben auf dem Land nicht unbedingt leicht. Entweder es gibt da jemanden, den die Eltern schon kennen und der als Ehemann in Frage kommt, oder sie gehen ihre eigenen Wege, aber meistens ohne den Segen des Vaters und oft ohne den Segen der Mutter. Dazu kommt die Angst, von der niemand spricht, weil sie nicht greifbar aber allgegenwärtig ist. Die Angst vor den großen schwarzen Wagen mit den dunkel getönten Scheiben, durch die man die Insassen nicht erkennen kann. Besonders hübsche Mädchen werden dann von ihren Vätern gewarnt, nicht mit Worten, aber mit Blicken, die keine Zweifel aufkommen lassen. Und wenn das alles nicht hilft, gibt es eben Hausarrest oder Schlimmeres. Altmodisch, nicht mehr passend für diese Zeit.

Den Vätern ist das egal. Sie wollen das Glück ihrer Töchter, und das ist nicht immer das Glück der Töchter. Die große weiße Hochzeit kostet dann oft so viel, wie ein neues Apartment, aber es gibt Kredite, im Notfall auch bei Familienangehörigen. Bianca, meine nette, lustige, lebensfrohe Nachbarin, kam auf diese Weise zu einem Grundstück, das heute leicht 25.000 Euro wert ist. Ihre jüngere Schwester wollte heiraten und die Eltern brauchten Geld für die Hochzeit. Bianca hatte, warum weiß ich nicht, das Geld auf der Bank und kaufte den Eltern das Land ab.

Immobilien sind oft preiswert. Aber sie haben ihren Preis. Nämlich was die Nerven des Käufers und dessen Anwalt betrifft. Sehr oft gehört ein Haus, das verkauft werden soll, mehreren Geschwistern, die sich nicht einigen können, ob sie das Haus nun verkaufen wollen oder nicht und für welchen Preis.

Ich habe nicht vor, zu urteilen. Ich lebe hier als Gast, genau, wie ich die Sprache erlerne, lerne ich die Menschen kennen. Zum Glück geben sie mir die Gelegenheit, indem sie mich teilhaben lassen, an ihrem manchmal komplizierten Leben. Ihre Einstellung entspricht nicht immer unserer Zeit, aber oft haben sie einen sehr gesunden Menschenverstand und wissen genau, was sie in der einen oder anderen Situation zu tun haben. Sie sind freundlich und fröhlich und helfen, wenn sie können. Und wenn sie nicht selbst helfen können, kennen sie ganz bestimmt jemanden, der jemanden kennt, der die Sache in die Hand nimmt.

Da war zum Beispiel mein Strafzettel. Ich hatte schon zwei Monate lang auf demselben Platz geparkt und betrachtete ihn fast als Eigentum, als plötzlich eine hübsche Politesse, die ich nur noch von hinten sah, mich mit einer *Multa* bestrafte. Als ich mittags aus der Schule kam, klemmte ein großes weißes Papier hinter meinem Scheibenwischer und ich ahnte, was da auf mich zukam.

Mein Wagen ist in Deutschland zugelassen und das macht die Sache nicht einfacher. Eine meiner Schülerinnen meinte, gib mir das Ding mit, ich habe einen Freund bei der Polizei. Eine Andere meinte: „Zerreiß den Quatsch, die schreiben keine Briefe nach Deutschland."

Einer der Schüler fand aber, dass in den EU-Staaten schon Vorrichtungen getroffen worden seien, um Verkehrssünder auch im Ausland zu bestrafen. Das alles war schon Strafe genug und ich war sehr dankbar, als Tessa meinte: „Gib mir das Geld, ich habe bei der Post gearbeitet, ich gehe heute für dich hin, die wissen, wie man das macht."

Wie gesagt, man steht nicht da mit seinem Problem und alle schauen weg. Es wird viel geredet und viel diskutiert, aber von irgendwoher kommt garantiert eine Lösung.

DIE EINLADUNG

Schon vor Wochen flüsterte mir mein Nachbar Don Carlo die Einladung für *La grande Festa* ins Ohr. Der alte Herr saß in seinem Fiat und hatte gerade ein Nickerchen gemacht und nahm diese Sache sehr ernst.

Heute endlich war der große Tag. In Kalabrien hat jedes Dorf mindestens einen großen Feiertag und heute waren wir an der Reihe.

Ich stand ein bisschen länger als sonst vor meiner Kleiderstange, die ich aus einem Besenstil gebastelt habe und überlegte, ob es nun ein religiöser Anlass sei, oder nicht. Weiße lange Hose passt immer und dazu ein dezentes Hemd mit Dreiviertelärmeln sollte wohl passend genug sein.

Ich wurde mit dem Auto abgeholt und wir fuhren die 500 Meter bis ins Dorfrestaurant, ganz in der Nähe des Friedhofs. Ich saß mit den drei Männern am reservierten Tisch auf der erhöhten Terrasse, unter uns die Marktstände, mit Klamotten, Haushaltswaren und handgeschnitzten Figuren.

Carlo ist etwas geizig, nicht nur sparsam. Als er die Preise in der Speisekarte sah, wurde sein Laune schlechter und erst nach dem zweiten Glas Rotwein wieder besser. Ezzo und Peppino hatten das nicht bemerkt oder wollten es nicht bemerken, ich bestellte Pasta und kein Fleisch. Antipasti, Primo, Secondo dann noch Dolce, die Italiener essen gern und viel und bevor sie einen Ausflug machen, wird erst mal erkundet, wo man am besten essen kann. An den Nebentischen häuften sich schon die nicht abgenagten Knochen und die vielen Reste von den zu großen Portionen hätten ausgereicht, um ganze Familien zu versorgen.

Das Restaurant war immer voll und ich fragte mich oft, woher die Leute das Geld nahmen um so oft Essen zu gehen. Kalabrien, das Armenhaus Italiens? Nein, das kann ich inzwischen nicht mehr glauben. Der Rotwein glitzerte in unseren Gläsern. Widerwillig hatte Carlo eine Flasche Wasser bestellt, weil ich das wollte. Wasser kann man zu Hause trinken!

Er saß dicht neben mir und ab und zu streifte sein nacktes Bein meine lange weiße Hose. Er trug dunkelblaue Shorts und ein elegantes hellblaues Hemd. Ezzo und Peppino hatten gute Laune und wir lachten und erzählten, bis endlich Antipasti und

Brot auf dem Tisch standen, dann wurde es stiller. Wir wurden unterbrochen, als plötzlich die Frau am Nebentisch aufsprang und auf mich zurannte. Wutentbrannt schrie sie mich an: „Das hier ist ein Restaurant und ich will hier keine Hunde unter meinem Tisch haben! Das Vieh da ist mit Ihnen gekommen und entweder der Hund geht oder ich!!!"

Sie hatte sich in Rage geredet und nicht bemerkt, dass eine ihrer Brüste fast aus der geblümten Bluse hing. Carlo und die Männer konnten sich das Lachen nicht verkneifen und ich wusste noch immer nicht, was die Frau eigentlich wollte, bis mir Ezzo, Don Carlos Hund, unter dem Tisch vorsichtig die Füße leckte. Er war uns heimlich gefolgt und hatte sich wohl erstmal unter dem falschen Tisch verkrochen.

Er wurde ins Auto gebracht, der Busen zurück in den BH und der nette Aushilfskellner nahm die weiteren Bestellungen an. „Noch eine Karaffe Wein!" Mittlerweile hatte ich auch ein Glas getrunken und danach ging es mir wesentlich besser. Die Tische waren alle reserviert, draußen und drinnen. Es dauerte lange, bis das Essen endlich kam. Carlo wurde wieder ungeduldig, Warten ist nicht sein Ding.

Inzwischen kamen immer wieder Leute an unseren Tisch, alles Verwandte und Freunde oder wenigstens Bekannte. Die Meisten kannte ich nicht. Carlo stellte mich vor: „Das ist Angela, leider nicht meine Frau aber meine Nachbarin." Peppino, der sonst immer sehr schwer hört und Carlos Rufen meistens überhört, amüsierte sich köstlich, hatte plötzlich gar keine Hörprobleme mehr und erzählte mir einen Schwank noch dem anderen.

Hinter uns wurde es plötzlich sehr laut. Alle sprangen auf und liefen aufgeregt zur Treppe. „La Madonna!" Die Prozession war im Anmarsch, mit Musik und Feuerwerk. Ich half Carlo, den Stuhl in die richtige Richtung zu drehen, damit er besser sehen konnte, durch zwei Zeltplanen, zwischen T-Shirts, Miniröcken und Damenunterwäsche hindurch auf das blumengeschmückte, heilige Gesicht der Madonna. Dann gingen alle zurück an ihre Tische und aßen weiter.

Unter den Gästen waren auch Touristen. Man erkannte sie sofort an den großen Hüten, den bunten Hemden, den Sandalen und daran, dass sie viel ungeduldiger auf ihr Essen warteten, als die Einheimischen.

Aber auch einem jungen Italiener zwei Tische weiter wurde das Warten zu viel. Er war mit seinen Kindern gekommen und die hatten Hunger. Er stand auf, mit seinem Handy in der Hand, und ich traute meinen Ohren nicht, als ich hörte, wie er vier Pizzen bestellte, natürlich verschiedene Sorten. „Ja, ja, ich warte draußen…was? Sette minuti? Si, va bene."

Pünktlich sieben Minuten später wurden vom Lieferdienst des Nachbarrestaurants vier Pizzen über das Holzgeländer der Terrasse gereicht und die Kinder konnten endlich essen.

Grappa zum Verdauen. Ich habe noch nie einen besseren Grappa getrunken. „Geht aufs Haus!" sagte der Besitzer des Dorfrestaurants, als er an unseren Tisch kam und die Rechnung brachte. „Na dann bring uns noch Vier, wenn sie aufs Haus gehen!" sagte der Don.

Eins muss man den Italienern lassen. Sie leben! Jedenfalls so lange sie leben. Sie machen sich das Leben bunt und laut und lebensfroh und trinken und essen und genießen.

Ezzo, der Hund, wartete im Auto, das stand zum Glück im Schatten, draußen waren 38 Grad. Mit dem anderen Ezzo holten wir das Auto. Im Schritttempo fuhr er ein paar hundert Meter durch die Stände, die Kleidung flatterte so dicht am Fenster vorbei, dass ich sie hätte greifen können. Carlo genießt hohes Ansehen im Dorf und kann sich vieles leisten, was anderen nicht gestattet ist. Auf seinen zwei Stöcken stand er krumm, wie ein Baum vor der großen Treppe mit den vielen Stufen.

Vom Auto aus beobachtete ich, durch die T-Shirts und die Miniröcke und die Damenunterwäsche hindurch, wie der alte Mann Stufe um Stufe nahm. Filippo und Ezzo, einer rechts und einer links. Vier Karaffen Rotwein. „Fahr geradeaus, Ezzo!" sagte er im Befehlston, als er endlich im Auto saß. „Das geht nicht, Carlo, das ist verboten und zu eng zwischen den Ständen." „Quatsch, verboten!"

Also fuhren wir rückwärts, nicht mal zickzack, alles ging gut, bis vor das elektrische Tor. Ezzo hatte sein *Telecomando* vergessen aber ich hatte meins.

EUROPA

Gestern morgen rief mich meine Nachbarin an unseren gemeinsamen Zaun, um mir zu sagen, dass ich sofort runter ins Dorf fahren müsse, um die neuen Müllcontainer abzuholen. Ich hatte bereits einen Müllcontainer, selber gekauft, der einzige in unserer Straße.

Wir stehen kurz vor den Europawahlen und die Italiener, besonders die in Kalabrien haben da so ihre Bedenken und Zweifel. Es gibt einfach noch zu viele Dinge, die dringend gemacht werden müssten. Also fuhr ich mit meinem alten Fiat, dessen TÜV seit langem abgelaufen ist, weil es hier keinen Europa-TÜV gibt, bis vor den Dorfplatz. Parken aussichtslos. Da standen Menschen in Gruppen, Autos dicht gedrängt über den Platz verteilt. Nun gut, ich lebe lange genug hier, ich fand eine Lücke.

In der Autowerkstatt neben der Apotheke hatte man Platz gemacht für einen wackeligen Tisch, an dem ein Mann in Uniform saß. Vor ihm lag ein Stapel Formulare, die er bereits mit einem Kugelschreiber ausgefüllt hatte.

Rechts neben ihm ein anderer, ebenfalls in einer Uniform, die ihm viel zu groß war. Links ein junges Mädchen vor einem uralten PC, den sie mühelos bediente.

Ach ja, und dann lag da noch, ganz rechts, ein hoher Stapel mit Personalausweisen, neben dem Stapel mit Steuerkarten.

Neben der Werkstatt waren Müllcontainer gestapelt, in fünf verschiedenen Farben. Mit einem Gerät, das sehr an einen Bohrer beim Zahnarzt erinnerte, stanzte ein junger Mann in gebückter Haltung die Nummern ein, die jeder erhielt, dem es gelungen war, den Tisch, zu erreichen. Ich musste gerade unterbrechen, vor meiner Tür hielt ein neuer Müllwagen, rot, neu! Ich frage mich gerade, ob das alles Werbung ist, oder Zufall.

Aber kommen wir zurück zum Tisch in der Werkstatt und zu dem Mann in Uniform mit den Formularen.

Endlich war ich an der Reihe. Meine *Residenza* war in Ordnung, meine Steuernummer auch, Müll und Wasser hatte ich bezahlt.

Das Formular wurde handschriftlich ausgefüllt und ich unterschrieb.

Das junge Mädchen hatte ein paar Probleme mit meinem Namen, aber das ist nichts Neues. Nachdem der Mann mit der zu großen Uniform seinen Kaffee gesüßt und getrunken hatte, suchte er meine Dokumente aus dem Stapel und ich konnte gehen.

Nicht weit, nur ein paar Schritte weiter, wo ich wieder in einer Schlange wartete, bis meine Nummer in die fünf Container gestanzt war: Nummer 192. Begleitet von dem unangenehmen Geräusch des Bohrers.

Die farblich unterschiedlichen Eimer passten kaum in mein Auto. Aber sie waren neu, nützlich und notwendig, um dem neuen Europa ein neues Gesicht zu geben. Und die Müllmänner hatten jetzt keine Probleme mehr, die neuen Müllwagen liefen wie geschmiert, bergab wie bergauf.

Es lebe Europa! Irgendwie bin ich sehr zufrieden mit dieser Entwicklung.

Irgendjemand hat da wohl sein Wahlversprechen gehalten und auch die entlegenen Orte in dem vernachlässigten Kalabrien glücklich gemacht.

Da kann man nur hoffen, dass es nicht die Rechten waren.